À QUI LA FAUTE ?

Selma Mahfouz
Jean Pisani-Ferry

À qui la faute ?

Comment éviter les erreurs économiques

Fayard

Couverture : un chat au plafond

ISBN : 978-2-213-70169-1

Dépôt légal : octobre 2016

© Librairie Arthème Fayard, 2016

Avant-propos

Le temps des erreurs

Rappelons-nous, ce n'est pas si lointain : il y a dix ans, au milieu des années 2000, dirigeants et experts respiraient la confiance. La croissance dans le monde était robuste ; son rythme était d'une remarquable stabilité ; l'inflation ne menaçait pas, et la déflation moins encore ; l'endettement public était contenu et le chômage était au plus bas depuis plus de vingt ans. L'économie était devenue terriblement ennuyeuse.

Puis nous nous sommes brutalement retrouvés en pleine tempête. Crise financière, crises souveraines, crise de l'euro, récession, stagnation prolongée se sont succédé. Et les yeux se sont ouverts sur la longue série d'illusions dont s'était alimentée la confiance d'hier. Il a fallu se rendre à l'évidence : le temps des erreurs et des doutes était revenu.

Le coût de ces défaillances a été et demeure immense. Coût économique avec, en zone euro, une décennie sans croissance du revenu par tête, ce qui ne s'était pas vu depuis la Seconde Guerre mondiale. Coût social, avec des pertes massives d'emplois au cours de la grande récession et, en France, près de 3 millions de personnes au chômage. Coût géopolitique, avec l'affaiblissement relatif des démocraties occidentales et le dangereux affaissement de l'Europe. Coût moins directement mesurable, mais certainement d'ampleur, aussi, pour des sociétés qui ont perdu confiance en elles-mêmes et goût des lendemains. Coût politique enfin, avec le discrédit qui frappe les dirigeants des pays avancés et, par-delà les personnes, l'extrême dévalorisation que subit la parole publique.

Le discrédit des dirigeants a pour partie des causes profondes, comme l'impuissance à garantir la sécurité des personnes face au terrorisme, l'épuisement de la promesse de progression continue du pouvoir d'achat sur laquelle s'ancrait le consensus social, ou la difficulté à concilier montée de l'individualisme et demande de solidarité. Les équations que doivent résoudre les responsables politiques d'aujourd'hui sont à certains égards beaucoup plus ardues que celles auxquelles se sont confrontés leurs prédécesseurs.

Ce discrédit tient aussi à certains choix opérés en toute connaissance de cause. La libéralisation interne et l'ouverture externe ont résulté de décisions très explicites, dont on attendait des gains d'efficacité mais dont on savait aussi qu'elles occasionneraient des perdants. Il ne faut pas s'étonner qu'aujourd'hui ces perdants se révoltent et mettent en cause une mondialisation dont on leur a vanté les mérites en oubliant trop souvent de dire quel en serait le bilan pour eux.

Cependant la disgrâce dont souffrent les responsables et les experts s'explique aussi par le sentiment que de graves erreurs ont été commises, qui auraient dû être évitées. Les peuples reprochent aux dirigeants de s'être trompés, au moins autant que de les avoir trompés.

Décrypter ces erreurs, comprendre comment et pourquoi des gouvernants se fourvoient et s'enferrent, c'est ce à quoi nous nous attachons dans cet ouvrage. Notre première ambition est de proposer une analyse précise d'un ensemble de décisions d'importance, qui se sont révélées gravement erronées. Cette enquête est nécessaire si l'on veut comprendre quels ont été les choix et les non-choix dont nous payons aujourd'hui les conséquences désastreuses. Où et quand exactement des erreurs ont-elles été commises ? Était-il possible de faire mieux, sur la base de l'information disponible et compte tenu des contraintes qui s'imposaient aux dirigeants ? Quels enchaînements ont conduit à de tels résultats ? Ce travail d'investigation est indispensable à la lucidité économique et politique.

Ce livre a un second objet : remonter aux sources des défaillances et des échecs pour en dégager les ressorts et les causes sous-jacentes. Par-delà tel ou tel cas, c'est la fabrique des erreurs dont nous cherchons à comprendre les mécanismes. Pourquoi des dirigeants bien informés et bien conseillés prennent-ils des décisions qui s'avèrent catastrophiques et ruinent leur propre réputation ? Pourquoi persistent-ils dans des orientations néfastes à l'intérêt collectif qui leur valent l'ire de leurs mandants ? Pourquoi des experts se fourvoient ou n'alertent pas sur les risques de telle ou telle politique ? Pourquoi des sociétés s'enferment-elles dans des cercles vicieux et sont-elles incapables d'atteindre des objectifs apparemment consensuels ? Existe-t-il des logiques communes à ces différentes erreurs, qui renverraient aux conditions dans lesquelles se prennent les décisions de politique économique ? Ce travail d'analyse s'impose si l'on veut que les décisions de demain soient plus judicieuses que celles d'hier.

Ces questions sont rarement examinées. Trop souvent, les critiques de l'action des gouvernants se concentrent sur leurs intentions : il est plus facile de leur prêter des volontés malignes, ou de supposer qu'ils sont les jouets de tel ou tel intérêt, que de s'interroger sur les raisons pour lesquelles ils ne parviennent pas à leurs fins. Elles ne peuvent cependant être éludées à l'heure où, aux États-Unis, en Europe et ailleurs dans le monde, le discrédit de l'action publique est patent.

Notre objet n'est pas ici d'épingler ceux qui, hier ou avant-hier, ont commis des erreurs ou ont échoué. L'exercice est aisé puisque celui qui est aux commandes est, par définition, comptable de ses actes. Ce qui nous intéresse, ce sont plutôt les raisons et les mécanismes qui les ont conduits dans l'impasse. Est-ce affaire d'idéologie ? De légèreté ? De pusillanimité ? De contraintes institutionnelles et politiques ? Répondre à ces questions ne va pas de soi. Cela demande d'aller au-delà de l'inventaire raisonné des bévues et des fautes pour analyser la décision économique en situation d'information incomplète, de chaos, de conflit ou d'incertitude. Cela suppose de faire le partage entre les erreurs dues à l'ignorance et celles que l'on commet en pleine connaissance de cause. Cela nécessite, dans chaque cas, de comprendre quelles étaient les finalités des dirigeants, quelles étaient les limites de l'information dont ils disposaient, et à quelles influences ils ont été soumis.

Le champ auquel nous nous intéressons est large. Il convient d'en préciser les contours sur trois points. Tout d'abord, beaucoup de décisions peuvent être regardées comme fautives. Tout opposant tend à qualifier d'erreurs les choix qu'il critique. Toutes les orientations qui n'ont pas été validées par l'histoire sont *a posteriori* tenues pour des impasses. Nous entendons erreur dans un sens plus étroit, le même qu'en matière d'erreur judiciaire, médicale ou scientifique : celui d'un choix ou d'une série de choix qui se révèlent contraires à la finalité poursuivie. En conséquence, nous excluons de notre champ des décisions qui peuvent être jugées malheureuses, mais ont été cohérentes avec les buts qu'elles voulaient servir.

Ensuite, et c'est le deuxième point, nous ne nous limitons pas à des décisions ponctuelles. Le choix fatidique fait partie de notre domaine d'investigation, mais il nous faut également examiner des séquences de décisions étalées sur plusieurs mois ou plusieurs années, voire, dans le cas du chômage, plusieurs décennies. Souvent, plutôt qu'une erreur décisive, c'est un enchaînement de choix qui est constitutif de l'erreur. Ce sont bien ces processus et leurs dynamiques qu'il faut comprendre, sans nous restreindre à des décisions uniques ou très concentrées dans le temps.

Le troisième point porte sur l'identité du décideur, celui qui se trompe. Les erreurs que nous recensons ont généralement été le fait de gouvernants. Mais le dirigeant agit dans un contexte juridique, politique, social et intellectuel donné qui détermine l'espace de ses choix. Il faut donc élargir le champ de l'analyse aux experts, aux médias, aux citoyens. Sans nier la responsabilité des gouvernants, l'erreur est très souvent collective. Ici encore, s'empêcher de prendre en compte l'ensemble des acteurs et le contexte serait excessivement réducteur. Il est, bien souvent, essentiel d'analyser pourquoi, par-delà les dirigeants, une société a effectué, consciemment ou non, tel ou tel choix contraire aux finalités collectives qu'elle affirme être les siennes.

Pour conduire cette enquête, nous partons de trois cas saillants, qui diffèrent à la fois – et c'est volontaire – par leur lieu, leur temporalité et le champ de politique économique concerné. Le premier est la faillite de Lehman Brothers, à la fin de l'été 2008, qui restera dans les mémoires comme l'élément déclencheur de la plus grande crise financière des dernières décennies. Cette catastrophe a-t-elle été provoquée par mégarde, par calcul ou par impuissance ? Le deuxième s'étale sur quelques années : il s'agit de la stratégie budgétaire contre-productive dans laquelle l'Europe s'est enferrée suite à cette crise. A-t-elle été conduite par aveuglement, par désinvolture ou en raison de divisions internes à la zone euro ? Le troisième est l'impuissance française face au chômage, qui dure depuis maintenant quarante ans. Est-ce par incompétence, par incapacité ou, au contraire, par choix délibéré qu'en dépit de multiples alternances politiques nous ne sommes toujours pas parvenus à apprendre de nos échecs, et des succès des autres ?

Après l'examen de ces trois cas, nous nous tournons vers l'analyse des figures communes de l'erreur. Qu'y a-t-il donc de si difficile dans l'exercice des choix ? Par-delà les problèmes sectoriels, quels sont les obstacles récurrents auxquels les gouvernants se confrontent ? Peut-on trouver, dans ces trois épisodes et quelques autres, des facteurs ou des mécanismes communs qui mènent l'action publique dans des impasses ?

Nous parcourons les leçons de l'expérience, explorons les enseignements des modèles et dégageons quatre types de difficultés récurrentes. La première résulte de la prise en compte, par la décision, de l'incertitude sur l'avenir. La deuxième a trait à l'articulation des temps. La troisième provient de la complexité, sur fond d'information imparfaite. Enfin la quatrième tient aux désaccords, tant intellectuels que politiques ou sociaux, entre les différentes parties prenantes à une décision, ou entre ceux qui la soutiennent et ceux qui la combattent.

Sur cette base, la troisième partie propose enfin des éléments de réponse en vue de politiques moins sujettes à l'erreur. Nous y examinons d'abord les processus de décisions permettant des choix plus sélectifs, plus robustes et mieux informés. Nous cherchons ensuite quels changements dans les institutions peuvent concourir à réduire la fréquence des erreurs. La question, ici, n'est pas comment décider, mais qui doit décider quoi. Enfin, nous nous intéressons à l'écosystème qui entoure la décision, pour déterminer comment l'information et la culture du débat peuvent aider une société à effectuer de meilleurs choix.

Ce livre paraît à quelques mois de l'élection présidentielle. Son ambition est d'inviter à la lucidité sur les travers qui sont à l'origine de nos échecs et d'offrir un *vade-mecum* pour des initiatives économiques mieux conçues et mieux exécutées.

Avertissement

Ce projet est né d'une interrogation très concrète sur l'exercice des responsabilités publiques. Ni l'un ni l'autre des deux auteurs n'en a directement eu la charge, mais nous y avons l'un comme l'autre participé à divers titres depuis une vingtaine d'années. Nous ne prétendons donc ni à la neutralité ni à l'innocence. Nous avons vu des erreurs se commettre, nous avons tenté d'en prévenir, nous en avons commis.

Nous avons conçu ce livre comme une réflexion organisée construite à partir de l'expérience. Il ne s'agit pas d'un récit mais d'un exercice analytique. Il ne s'agit pas d'un travail de recherche, mais d'un effort pour comprendre ce que nous avons observé. Notre espoir est que ce caractère hybride lui donne originalité, et surtout pertinence.

Nombreux sont ceux qui ont bien voulu relire tout ou partie de ce manuscrit et nous aider de leurs critiques. Nous voulons ici remercier Daniel Agacinski, Philippe Askenazy, Sophie Becker, Agnès Bénassy-Quéré, Benoît Cœuré, Élie Cohen, Ramon Fernandez,

Pierre-André Imbert, Aurore Lambert, Jean-Pierre Landau, Thierry Pech, Clara Pisani-Ferry, Corinne Prost, Jean-Luc Tavernier, Nicolas Véron, François Villeroy de Galhau et Claire Waysand. Comme il est d'usage, aucun d'entre eux n'est le moins du monde responsable du résultat final.

Première partie

Enquête

Chapitre 1
Le moment Lehman

Le lundi 15 septembre 2008, à 1 h 45 du matin (heure de New York), Lehman Brothers se déclare en faillite. Tout le week-end, officiels et financiers se sont affairés pour trouver une solution. Bank of America, un temps, puis la banque britannique Barclays ont fait figure d'acheteurs potentiels. Mais ces plans ont volé en éclats l'un après l'autre. Lehman, une vénérable maison de courtage de coton devenue l'une des principales banques d'investissement[1] de Wall Street, avait survécu à la crise de 1929 et résisté à l'ensevelissement dans les décombres des Twin Towers. Cette fois, elle est trop endettée et a pris trop de paris douteux. Personne n'en veut. Le dimanche soir venu, il faut bien se résoudre à l'inévitable : ni une reprise par un autre établissement, ni un dépeçage organisé, ni une prise de contrôle

---

1. Une banque d'investissement – on dit aussi banque d'affaires – ne collecte pas de dépôts auprès des particuliers ou des petites entreprises, et ne leur fait pas de crédit. Elle conseille des entreprises, organise des financements, gère des actifs et investit pour son compte propre.

par l'État, mais une pure et simple faillite. *Bad and ugly*, comme on dit à Wall Street.

L'impact de l'événement est cataclysmique. Alors que la crise financière avait jusque-là été à peu près contenue, l'affolement l'emporte sur tous les marchés. En quelques jours les actions américaines perdent un quart de leur valeur et les actions européennes un tiers. Plus grave, les transactions s'interrompent : sur le marché où les banques se prêtent mutuellement tous les jours, chacun se méfie de la santé financière de ses partenaires, personne ne veut plus prêter à personne. Pour éviter un arrêt cardiaque du système financier, la Réserve fédérale se voit contrainte de fournir à toutes les banques de la liquidité à tout va.

Très vite, le choc se transmet à l'économie réelle : en six mois, la production industrielle mondiale chute de 10 %[1]. C'est le début de ce qu'on appellera la Grande Récession, un choc dont l'ampleur ne se compare qu'à celui de la Grande Dépression des années 1930. En 2009, le PIB des pays avancés enregistrera une baisse de 3,4 %, alors qu'en avril 2008 encore le FMI attendait une hausse de 1,3 %.

Et pourtant Lehman Brothers n'était pas une banque géante : elle avait, en 2008, sept fois moins de salariés que n'en compte aujourd'hui BNP Paribas. Mais sa faillite a un triple effet dévastateur : par la réaction en chaîne – au moment de sa chute, elle laisse pendants plus d'un million de contrats avec tous les

---

1. Selon les calculs de Barry Eichengreen et Kevin O'Rourke. Voir « A tale of two depressions redux », VoxEU, 6 mars 2012.

acteurs du système financier ; par l'exemple – si elle est en faillite, on en conclut vite que ses grandes sœurs Goldman Sachs ou Morgan Stanley, dont le modèle d'affaires est voisin, ne doivent pas être si solides ; et par la confusion que suscite son sort – pourquoi les autorités américaines ont-elles laissé tomber Lehman alors qu'elles avaient jusque-là déployé des trésors d'ingéniosité pour éviter la panique ?

Ce n'est pas la chute de Lehman qui cause le dérèglement financier. Lorsqu'elle survient, cela fait plus d'un an que les effets de la débâcle des *subprimes* ont contaminé le système bancaire. Ces crédits hypothécaires, par la magie desquels l'Amérique avait prétendu compenser le creusement des inégalités en donnant accès à la propriété à des ménages sans patrimoine ni revenu, reposaient sur l'hypothèse fantaisiste d'une hausse constante de la valeur des logements. Fin juillet 2007, les achats-ventes de titres construits sur la base de ces créances largement irrecouvrables se sont brutalement interrompus, parce que personne ne savait plus ce qu'ils pouvaient bien valoir. Les yeux se sont ouverts sur cette immense escroquerie, sans qu'on en mesure toutefois encore les conséquences.

La source de la crise, donc, est antérieure. Elle est d'abord d'avoir cyniquement laissé croire que l'accès des ménages pauvres au crédit pourrait compenser l'envol des inégalités de revenu, ensuite d'avoir supposé que le découpage du risque *subprime* en tranches fines et sa dissémination au sein de produits financiers structurés permettraient miraculeusement de le dissoudre. Trop d'Américains appauvris avaient du mal à joindre les deux bouts ? Qu'ils mangent du crédit[1]. Trop de crédits à fort risque de défaut étaient accordés ? L'ingénierie financière allait faire en sorte que l'économie n'en subisse pas les effets[2]. La réalité a fait justice de ces thèses apparemment séduisantes, mais profondément erronées.

La raison d'être de la crise, c'est aussi d'avoir, en Europe comme aux États-Unis, laissé les banques s'endetter à l'excès et faire usage sans retenue de l'effet de levier pour accroître leur rentabilité. Crédules, abusés ou impuissants, les régulateurs chargés de veiller à la stabilité financière ont laissé faire pendant des années, quand ils n'ont pas eux-mêmes fait l'apologie de la finance autorégulée. « Quand la musique s'arrêtera, les choses deviendront compliquées, disait Chuck Prince, le patron de Citigroup, début juillet 2007. Mais tant que la musique continue à jouer, il faut se lever et danser. Nous dansons encore[3]. » Il fallait bien qu'un événement cathartique signale à une planète financière enfiévrée que l'orchestre avait cessé de jouer.

---

1. Le rapprochement avec Marie-Antoinette est dû à Raghuram Rajan, *Fault Lines*, Princeton University Press, 2010.
2. Alan Greenspan, le président de la Fed jusqu'en 2006, s'était fait l'avocat de la thèse selon laquelle l'ingénierie financière permettait d'absorber sans dommage un niveau de risque de crédit beaucoup plus élevé. Voir par exemple *Economic Flexibility*, Remarks at the National Italian American Foundation, 12 octobre 2005.
3. Cité par Alan Blinder, *After the Music Stopped*, Penguin Press, 2013.

Ce que provoque la chute de Lehman, ce n'est donc pas la crise. Mais c'est la panique. Wall Street au début septembre 2008 ressemble à la ménagerie de la fable confrontée à la peste : « Ils ne mouraient pas tous, mais tous étaient frappés. » Alors que les annonces de pertes et les faillites d'établissements spécialisés se répandent, chacun se demande quelle sera la prochaine victime, et comment s'éloigner d'elle pour éviter la contamination. Cependant le maelström ne s'est pas encore formé, et l'espoir demeure d'éviter un désastre de grande ampleur. Dans les années 1990, l'économie américaine a absorbé sans dommages excessifs la banqueroute de plusieurs centaines de caisses d'épargne. Pourquoi ne parviendrait-elle pas à absorber les pertes sur les crédits immobiliers ? Les montants en jeu semblent minimes à l'échelle d'une économie mondiale qui, dix ans plus tôt, a vécu la crise asiatique et la crise russe comme de simples trous d'air.

Nul ne sait ce qui se serait passé si Lehman avait été sauvée. Peut-être l'administration Bush aurait-elle trébuché sur l'obstacle suivant. Peut-être aurait-elle, après avoir senti de si près le vent du boulet, pris les choses en main pour assainir le système bancaire et éviter de se retrouver à nouveau acculée. Ce qui est toutefois certain, c'est que l'événement a eu des répercussions hors de proportion avec son impact direct. Lehman, dira-t-on *a posteriori*, n'était peut-être pas *too big to fail* (trop grande pour mourir), mais *too interconnected to fail* (trop interconnectée pour mourir). L'onde de choc de sa chute s'est diffusée dans l'ensemble du système financier américain et européen, provoquant des ravages. La laisser faire faillite, c'est bien – rétrospectivement – le pas qu'il ne fallait pas faire.

Incompétence ? Aveuglement ? Impuissance ?

Il est difficile de retenir la première hypothèse tant en 2008 l'équipe qui affronte la crise et la gère pour le compte des États-Unis combine des qualités rares et complémentaires. Le trio des responsables de premier plan se compose du secrétaire au Trésor (équivalent du ministre des Finances) Hank Paulson, du président de la Réserve fédérale Ben Bernanke, et du président de la Réserve fédérale de New York Tim Geithner.

Avant d'être recruté par George W. Bush, le premier a fait la quasi-totalité de sa carrière chez Goldman Sachs, jusqu'à en devenir le patron. Non seulement il connaît parfaitement les rouages des marchés, non seulement il appelle tout le monde à Wall Street par son prénom, ce qui peut servir, mais, contrairement aux universitaires et aux bureaucrates, il sait comment raisonnent – ou déraisonnent – les acteurs financiers. Il a tant partagé leurs emballements et leurs paniques qu'il décrypte leurs émotions en temps réel. Si quelqu'un peut, au terme de ce week-end, avoir l'intuition de ce qui va suivre, c'est lui.

Ben Bernanke, le deuxième, est un chercheur devenu banquier central. De sa carrière universitaire, il a conservé l'esprit méthodique de l'économiste, mais, contrairement à beaucoup de ses pairs, il n'a jamais tenu la finance pour quantité négligeable. Il a consacré sa thèse de doctorat au rôle des banques dans la Grande Dépression des années 1930 et s'est attaché à développer des modèles qui rendent compte des puissants effets économiques d'une crise financière. S'il y a quelqu'un qu'on ne peut soupçonner d'ignorer les enjeux économiques du drame qui se déroule sous ses yeux, c'est lui.

Le troisième homme, Tim Geithner, est en quelque sorte l'agent de liaison entre l'administration et les marchés : il est président de la Fed de New York, la branche du système fédéral de banques centrales qui est au contact direct de Wall Street. Geithner, qui est démocrate et sera le premier secrétaire au Trésor de Barack Obama, a une expérience de première main des crises financières : haut responsable au Trésor sous l'administration Clinton, puis au FMI, il a fait face à la crise mexicaine avant d'affronter la tourmente asiatique de 1997-1998. Si quelqu'un a la mémoire concrète des dévastations qu'entraîne une panique sur les marchés, c'est lui.

L'histoire des crises financières est peuplée de faibles qui n'ont pas su décider, d'inconséquents qui ont agi à l'encontre de la raison, de pleutres qui ont laissé les incendies s'étendre, et d'idéologues qui ont jeté de l'huile sur le feu. Aux pires moments de la pire crise, cependant, il y a au sommet de l'État américain un trio d'hommes informés, lucides et pragmatiques. Parfaitement conscients de la fragilité du système financier américain, d'accord sur l'essentiel, complémentaires par leurs expériences, et en communication constante l'un avec l'autre, ils semblent exactement taillés pour l'épreuve.

On peut donc écarter l'explication facile qui incrimine l'incompétence des dirigeants. Leur seul défaut, si c'en est un, est de trop bien connaître et comprendre le monde de la finance. C'est d'ailleurs précisément ce qui rend le cas Lehman intéressant : l'erreur a été commise en dépit de l'exceptionnelle qualité des acteurs du drame. Alors pourquoi ? Pourquoi ces hommes si bien préparés aux responsabilités qu'ils exercent, qui forment une équipe parfaitement rodée, ont-ils commis cette énorme bévue ? Pourquoi ont-ils pris la décision qui a fait perdre leur emploi à des dizaines de millions d'hommes et de femmes ?

Pour comprendre ce qui s'est passé, il faut revenir un peu en arrière. Quelques mois avant Lehman, c'est Bear Stearns, une autre banque d'investissement, qui est sur la sellette. Comme beaucoup d'autres institutions financières, elle a investi dans des produits dérivés des crédits *subprime*, et comme beaucoup d'autres elle l'a fait en s'endettant à l'excès. Cet effet de levier (*leverage*) permet de multiplier le rendement d'un placement, mais il multiplie aussi les risques. Quand la musique s'est brutalement arrêtée en ce mois de juillet 2007, et que les marchés sont d'un jour à l'autre passés de l'euphorie à l'anxiété, Bear Stearns a commencé à connaître des difficultés. On se méfie d'elle. En mars 2008, c'est l'alarme : elle ne parvient plus à emprunter sur les marchés, même à court terme.

C'est une crise de liquidité classique, dont on connaît le remède : vérifier si l'institution est solvable ; si elle l'est, lui prêter contre garanties, pour rétablir la confiance ; si elle ne l'est pas, la restructurer ou la recapitaliser ; si sa situation est incertaine, séparer les actifs sûrs des actifs douteux, loger les premiers dans une « bonne banque » capable de retrouver la confiance des marchés, et cantonner les seconds dans une « mauvaise banque » en espérant en tirer quelque chose plus tard ; et surtout, surtout, éviter la faillite désordonnée.

Paulson, Bernanke et Geithner connaissent parfaitement leur partition. Mais ils font face à une difficulté : contrairement aux banques commerciales, qui ont accès aux lignes de crédit de la Fed et peuvent être placées en restructuration par le Fonds fédéral de garantie des dépôts (FDIC), les banques d'investissement sont supposées se débrouiller toutes seules. C'est un héritage du Glass-Steagall Act, une loi de 1932 (abrogée à l'initiative de l'administration Clinton dans le contexte de libéralisation financière des années 1990) qui avait limité les activités de marché des banques commerciales et leur garantissait en échange protection, tandis qu'elle laissait les banques d'investissement libres d'agir à leur guise, et à leurs propres risques.

En 2007, la séparation entre gestion des dépôts et activités spéculatives n'est plus qu'une fiction. Si Bear Stearns est en difficulté, c'est parce que les banques d'investissement ont acheté des créances immobilières aux banques commerciales. Si elle s'effondre, ces mêmes banques commerciales, qui sont quotidiennement parties prenantes à des transactions avec elle, seront inévitablement touchées. Il faut donc agir, et contourner les obstacles.

Geithner trouve rapidement une solution : puisque la Fed ne peut pas légalement prêter à Bear, c'est une banque commerciale qui va le faire et, pour cette opération, elle bénéficiera elle-même d'un crédit de la banque centrale. JPMorgan est disposée à servir d'intermédiaire. Mais l'opération est délicate : l'intermédiaire ne peut pas prendre la responsabilité du remboursement du crédit, qui ne lui est pas destiné. Or une banque centrale n'a pas à prendre un risque de crédit. Selon la doctrine établie à la fin du XIXe siècle par le financier britannique Walter Bagehot, elle doit prêter pour arrêter les paniques, mais en prenant des garanties. Elle n'est pas censée subventionner le secteur financier.

Pour que la Fed prête à JPMorgan et s'expose directement au risque, elle a besoin d'une assurance de la part de son actionnaire, le Trésor, qui lui dise en substance que, si les choses tournent mal, c'est le budget fédéral américain qui en subira le coût. « S'il y a une chance d'éviter la faillite, je suis prêt à tout », répond Paulson. JPMorgan va donc faire le relais entre la Fed et Bear Stearns.

Cependant les choses se compliquent. Chemin faisant, il apparaît qu'une ligne de crédit ne suffira pas, et que pour rassurer les marchés il faut envisager l'absorption complète de Bear Stearns. La proie est trop grosse pour JPMorgan, qui ne veut en acheter qu'une partie. Il faut donc procéder à une découpe, et loger une partie des actifs de Bear dans une nouvelle entité, qui bénéficiera d'un crédit de la Fed. Quant à la lettre que Bernanke réclame du Trésor à titre de garantie, elle n'est pas si facile à écrire : pour engager des fonds, il faut en principe un vote du Congrès. La solution est que Paulson dise que, si l'opération se solde par une perte pour la Réserve fédérale, celle-ci viendra réduire les dividendes versés au Trésor. *De facto*, c'est engager le contribuable, mais sans vote du Congrès. L'opération est osée, mais à la guerre comme à la guerre : Paulson signe.

Peu importent, finalement, les détails. Ce que montre le cas Bear Stearns, c'est que, cinq mois avant de se résigner à la faillite de Lehman, l'administration américaine est prête à toutes les contorsions pour éviter la faillite d'une banque d'investissement pourtant plus petite. L'affaire est rondement menée, d'un vendredi entamé par une conférence téléphonique à 5 heures du matin jusqu'à l'approbation de l'opération par les conseils de Bear et de JPMorgan, réunis pendant le week-end. À l'heure où Tokyo ouvre, tout est réglé. Paulson, qui a tenu le président Bush constamment informé, n'a reculé ni devant les pressions sur les acteurs du marché ni devant les initiatives à la limite de la légalité. C'est que l'enjeu le mérite.

Lorsque au mois de septembre le même scénario commence à se répéter avec Lehman Brothers, c'est naturellement vers le même type de solution que se tourne le trio : d'abord tenir jusqu'au week-end, puis organiser une reprise, en sorte que tout soit bouclé le dimanche soir. Mais deux difficultés se présentent. La première est financière : Lehman est non seulement de plus grande taille, mais en nettement plus mauvais état. William Cline et Joseph Gagnon, du Peterson Institute, ont fait les calculs et trouvé que, si Bear était probablement à la limite de la solvabilité, la valeur nette de Lehman, même évaluée sous des hypothèses favorables, était négative à hauteur d'au moins 100 milliards de dollars[1]. Cela rend une acquisition très improbable, à moins d'une recapitalisation concomitante par l'État fédéral. Une simple assurance, comme dans le cas de la lettre de Paulson à Bernanke, ne suffirait pas, et il faudrait que l'État fédéral engage des moyens budgétaires substantiels, ce qu'il ne peut pas faire sans l'autorisation du Congrès.

La deuxième difficulté est politique : entre mars et août 2008, l'hostilité de l'opinion envers le renflouement public des banques n'a fait qu'augmenter. Dans tous les pays, les citoyens enragent contre ces financiers qui ont accumulé des fortunes colossales en spéculant de manière inconsidérée, et veulent que le contribuable éponge leurs pertes. La colère est parfaitement légitime, singulièrement à l'endroit de Dick Fuld, le CEO de Lehman. Avec

---

[1]. Voir William Cline et Joseph Gagnon, « Lehman Died, Bagehot Lives: Why Did the Fed and Treasury Let a Major Wall Street Bank Fail? », 113-21, Peterson Institute for International Economics, Policy Brief, septembre 2013.

une rémunération de 64 millions de dollars par an, il se classe onzième dans la liste des patrons les mieux payés des États-Unis[1]. Arrogant et brutal, il personnifie à la perfection la cupidité (ce qui ne l'empêche pas de réclamer à cor et à cri une injection de capital public). Or le pays est en campagne pour l'élection d'un nouveau président, et si le candidat démocrate, Barack Obama, fait preuve de beaucoup de calme, le républicain John McCain et sa colistière Sarah Palin ont fait du refus intransigeant des renflouements publics un argument de campagne.

La situation se complique encore quelques jours avant que n'éclate l'affaire Lehman. Les agences hypothécaires fédérales, Fannie Mae et Freddie Mac, deux mastodontes hérités d'une économie mixte quelque peu douteuse – leurs actionnaires sont privés, mais elles empruntent avec la garantie de l'État fédéral –, sont elles aussi sérieusement atteintes par la crise immobilière. Paulson s'est résolu à les placer sous tutelle publique, à renvoyer leurs dirigeants et à injecter 100 milliards de dollars dans chacune d'entre elles. L'opération a été prestement exécutée, mais cela fait hurler. Paulson y a gagné un surnom qui l'irrite : *Mr Bailout* (M. Renflouement).

Tout se conjugue donc pour rendre très hasardeuse la recherche d'une solution. Paulson, Bernanke et Geithner se démènent pour trouver une issue. Ils convoquent les banquiers de la place de New York,

---

1. Classement Forbes, avril 2008.

font appel à leur solidarité et les font travailler sur des scénarios. Mais qui va prêter à une banque insolvable ? Il faut trouver un repreneur. Le trio se tourne vers Bank of America. À la manière d'un agent matrimonial si empressé qu'il en devient insistant, Paulson multiplie les coups de fil aux deux patrons. C'est peine perdue : Bank of America préfère Merrill Lynch, une banque d'investissement un peu flageolante, mais moins atteinte que Lehman. L'espoir se tourne ensuite vers Barclays, jusqu'à ce qu'on découvre, le dimanche matin, que le régulateur britannique ne lui permet pas de prendre ce risque, et qu'à Londres le gouvernement, qui a déjà fort à faire avec ses propres banques, ne veut pas être indirectement engagé dans un sauvetage américain. Sans financement public ni financement privé, il n'y a aucune solution. Le plan A est en échec, et il n'y a pas de plan B. Les bras ballants, épuisé, le trio n'a plus d'autre choix que d'attendre le désastre qui vient.

Aveuglement, ou impuissance ? La première explication est tentante. L'ampleur de la déflagration à venir a certainement été sous-estimée. Le 24 septembre, Ben Bernanke déclare à une commission du Congrès : « La faillite de Lehman présentait des risques. Mais [ses] difficultés étaient bien connues depuis un certain temps, et les investisseurs reconnaissaient clairement que la faillite de la firme était une possibilité réelle. En conséquence, nous avons jugé que les investisseurs et les contreparties avaient eu le temps de prendre leurs précautions[1]. » C'était, à l'évidence, une erreur de jugement.

Il y avait en outre une raison de laisser Lehman faire faillite : ce qu'on appelle l'aléa moral. On connaît le dilemme. Sauver des banques qui ont géré de manière imprudente risque d'encourager les autres banques à investir et prêter sans discernement, comme indemniser des propriétaires victimes d'inondations incite à construire en zone inondable. Ce problème d'aléa moral, certains y croient dur comme fer – c'est, par exemple, une constante des positions allemandes en finance internationale – et il est vrai qu'avant toute opération de sauvetage il faut se poser la question des leçons qu'en tireront les imprudents. Bernanke rappelle malicieusement dans ses Mémoires que même Larry Summers, ex-secrétaire au Trésor de Bill Clinton et futur conseiller économique de Barack Obama, avait mis en garde contre les conséquences d'un soutien à Bear Stearns[2].

Il en va de l'aléa moral comme de l'expiation des péchés collectifs : pour éviter qu'il se généralise, il faut de temps en temps sacrifier un bouc émissaire, autant que possible à grand bruit. A priori, Lehman est assez crédible dans le rôle de la victime expiatoire. Elle apparaît comme une institution d'une taille raisonnable, bien moins systémique que Fannie

---

1. Audition de Ben Bernanke devant le comité des services financiers de la Chambre des représentants, 24 septembre 2008.
2. Voir Ben Bernanke, *The Courage to Act : A Memoir of a Crisis and its Aftermath*, W. W. Norton, 2015.

et Freddie, et même qu'AIG, l'assureur dont le sauvetage va occuper la semaine suivante. À l'annonce de sa faillite, nombre d'observateurs complimenteront d'ailleurs l'administration américaine pour sa fermeté.

Paulson est certainement plus soucieux de l'aléa moral que Bernanke et Geithner. En tout cas, il utilise l'argument : avant la faillite, pour décourager Dick Fuld d'attendre un soutien public, et surtout après, pour justifier la décision prise. Pendant trois jours, après le 15 septembre, il n'a que cette expression à la bouche et se vante de n'avoir pas engagé d'argent public. Mais est-ce une raison suffisante pour penser qu'il est convaincu de la pertinence de l'argument ? Dès le dimanche 14 septembre au soir, il a demandé à ses équipes de préparer un projet de loi permettant la mobilisation de moyens budgétaires[1]. On n'imagine pas le ministre des Finances de la première puissance mondiale avouer qu'il a déclenché une crise financière par maladresse. Comme disait Cocteau : ces mystères nous dépassent, feignons d'en être l'organisateur.

Aucun des trois n'est en réalité un obsédé de l'aléa moral. « La stabilité d'abord, l'aléa moral après », dira plus tard Paulson[2]. « Ce ne sont pas les pompiers qui sont la cause du feu », aime à dire Geithner. Quant à

---

1. Voir « Paulson, Bernanke Strained for Consensus in Bailout », *Wall Street Journal*, 10 novembre 2008.
2. Audition du 6 octobre 2014 devant la Court of Federal Claims.

Bernanke, il souligne que les tenants de l'aléa moral oublient un peu facilement que ni le management, ni les actionnaires, ni les salariés de Bear Stearns ne sont sortis indemnes de son sauvetage.

Impuissance, alors ? *A posteriori*, c'est ce que plaideront les trois acteurs : chacun d'entre eux, dans ses Mémoires, explique qu'ils ont, ensemble, fait tout ce qu'ils pouvaient mais qu'à l'acmé de la crise ils ne disposaient pas des moyens légaux d'une action à la mesure du problème. Le Congrès, en effet, n'avait pas adopté de plan de soutien au système financier et n'avait alors aucune intention de le faire – il ne s'y résoudra qu'après le cataclysme, avec beaucoup de réticence, en votant en urgence, quinze jours plus tard, le programme TARP[1].

Pour prévenir l'effondrement, il aurait fallu anticiper, et doter le Trésor des moyens juridiques d'une intervention proportionnée : en Europe, l'Irlande ou le Royaume-Uni, pour ne citer que deux pays, ont nationalisé les banques à tour de bras pour éviter les réactions en chaîne. Ou bien il aurait fallu monter une opération-relais, dans l'attente d'une législation d'urgence, quitte, pour la bonne cause, à interpréter la loi : *stretch the law*, comme on dit en anglais. Ou encore organiser ce qu'on appelle pudiquement une « résolution » de Lehman : contraindre ses créanciers

---

1. Troubled Assets Relief Program : institué par la loi du 3 octobre 2008 et doté initialement de 700 milliards de dollars, il permet à l'administration de racheter aux institutions financières des actifs non performants.

à prendre leurs pertes, mais en évitant les réactions en chaîne.

Mais, précisément, pourquoi tout n'a-t-il pas été fait pour doter l'État fédéral des moyens juridiques et financiers de l'action nécessaire ? On ne peut guère plaider la surprise : la chute de Lehman intervient plus d'un an après le déclenchement, en juillet 2007, d'une crise larvée qui s'est manifestée par l'arrêt des prêts interbancaires. Depuis lors, ou à défaut depuis la chute de Bear, en mars, le pouvoir a eu le temps de prendre la mesure des dangers, de faire la revue de ses munitions et d'en tirer les conséquences. Le 15 juillet, Paulson lui-même a lancé, devant une commission du Sénat, une formule qui a fait mouche : si vous avez un pistolet à eau dans la poche, vous allez sans doute devoir le sortir, mais si c'est un bazooka que vous avez dans la poche, et que les gens le savent, vous n'aurez probablement pas à vous en servir. Autrement dit : la meilleure manière de préserver les deniers publics, c'est de doter l'État de moyens suffisants pour impressionner les marchés.

C'est ici qu'intervient la politique, plus précisément l'absence de soutien du Congrès. À l'été 2008, les démocrates, majoritaires dans les deux chambres, ne sont pas disposés à donner à une administration républicaine les moyens d'aider les banques. Quant aux républicains, beaucoup voient dans ces sauvetages à répétition une dangereuse dérive vers l'intervention publique qui va à l'encontre des principes de libre marché auxquels ils sont attachés. « En lisant le journal ce matin, j'ai cru que j'étais en France », a dit le sénateur Jim Bunning après l'opération Bear Stearns. Après le renflouement de Fannie et Freddie, il corrige : ce n'était, finalement, que du « socialisme amateur ». Ni à gauche ni à droite, on ne veut voler au secours de Wall Street. Au bord d'un précipice dont il ne mesure pas la profondeur, le Congrès n'est pas du tout enclin à décider ce qu'il votera quelques semaines plus tard, une fois tombé au fond.

Ce type de climat incite l'exécutif à la réserve et le décourage certainement de proposer une législation préventive qui permette d'intervenir en soutien des banques d'investissement. En fin de mandat, sans majorité au Congrès et en passe de voir Barack Obama lui succéder à la Maison-Blanche, George W. Bush ne possède pas le capital politique dont il lui aurait fallu disposer pour agir, et n'a sans doute pas même la volonté personnelle de tenter cette dernière aventure.

*   *
*

De cette première et spectaculaire erreur, qui débouchera sur la plus grave crise économique depuis les années 1930, trois lectures sont possibles. La première est celle que, dans son grand livre *Les Somnambules*, l'historien Christopher Clark donne de l'entrée dans la Première Guerre mondiale : une série d'enchaînements malencontreux qui conduisent les protagonistes à marcher d'un pas sûr vers l'abîme. La deuxième lecture met en avant une mauvaise appréciation de l'ampleur des risques, à la fois en amont de la crise, au moment où il aurait fallu se donner les moyens de la prévenir, et en temps réel, lors du week-end fatal. Conscients des enjeux, les responsables auraient sous-estimé les conséquences de leur décision. La troisième lecture souligne la tension entre nécessité économique et logique politique : quelles qu'aient été leur intelligence de la situation et leur connaissance des risques, les acteurs clés du drame ne disposaient pas du capital politique qui leur aurait permis de prendre les décisions qui s'imposaient ; lucides sans doute, ils étaient surtout impuissants.

Somnambulisme, faute de jugement et dysfonctionnement politique : nous n'avons pas fini de croiser ces trois figures de l'erreur[1].

---

1. Nous tenons à remercier les acteurs et observateurs que nous avons consultés spécifiquement pour la rédaction de ce chapitre : Olivier Blanchard, Tim Geithner, Don Kohn, Dominique Strauss-Kahn, Jean-Claude Trichet, Ted Truman et David Wessel.

Chapitre 2

Europe : les ravages de la précipitation

La tradition veut que tous les six mois les ministres des Finances et gouverneurs de banques centrales européens oublient, l'espace d'un week-end, la surcharge de décisions procédurales qui fait l'ordinaire de leurs réunions et se retrouvent pour réfléchir. Ce 1er octobre 2009, c'est à Göteborg qu'ils se réunissent, sous la pluie. Ils viennent de passer douze mois terribles. Depuis que la faillite de Lehman a précipité l'économie mondiale dans la récession, ils ont vécu dans la crainte d'une répétition de la Grande Dépression des années 1930. Pour la contrer, ils ont pris des décisions qu'ils n'avaient jamais cru pouvoir envisager avant cette année terrible : ils ont promis qu'aucun établissement financier ne ferait faillite, ce qui a permis d'éviter un « moment Lehman » européen ; ils ont nationalisé les banques à tout va ; ils ont lancé, sans se soucier des déficits, de grands programmes de dépense publique pour soutenir la demande ; et ils ont appelé les pays émergents à la rescousse pour soutenir la croissance. En un an, le commerce international a chuté de 10 % ; le PIB de l'Union européenne est encore nettement en dessous de son niveau de l'été 2008 (de plus de 4 % en moyenne annuelle) ; l'Europe compte 2 millions de chômeurs de plus ; en Espagne et en Irlande, la crise immobilière n'en est qu'à ses débuts. Quant au citoyen ordinaire, qui n'avait pas immédiatement perçu les conséquences de la débâcle financière, il voit la situation se détériorer jour après jour.

Un certain optimisme règne cependant parmi les participants au conclave des grands argentiers. Sur les marchés financiers, en effet, la panique a cédé le pas à un début de normalisation et, depuis quelques mois, la production industrielle mondiale a cessé de se contracter, pour amorcer une reprise. Le monde semble avoir évité la dépression.

Après une année passée à réagir au jour le jour, les ministres européens veulent s'efforcer d'anticiper et réfléchir aux priorités d'avenir. Ils ont choisi pour leur réunion le thème de l'*exit strategy* : maintenant que la relance a été enclenchée et commence à produire des effets, ils veulent déterminer quand y mettre fin et à quel rythme remettre le cap sur la réduction des déficits publics. Ils sont encouragés dans cette démarche par l'inquiétude croissante que suscite la montée des dettes publiques[1].

---

1. L'un des auteurs de cet ouvrage a participé en qualité d'expert invité à la réunion de Göteborg et y a présenté une

L'intention est louable. Une politique budgétaire bien conçue doit en effet servir d'amortisseur : en période de ralentissement il faut dépenser davantage, ou taxer moins, pour compenser la baisse de la consommation et de l'investissement privés et contenir la contraction de l'activité économique, et à l'inverse il faut dépenser moins ou taxer plus lorsque l'économie privée se porte bien. Ceci se fait d'abord en laissant jouer les stabilisateurs automatiques, qui conduisent à une hausse spontanée des dépenses, de chômage par exemple, et une baisse des impôts liés à la croissance. Mais, en cas de choc d'ampleur, il faut aller au-delà et s'engager dans des actions dites discrétionnaires – la question étant de savoir jusqu'où et pour combien de temps.

En l'espèce, il est clair qu'à la stimulation par la dépense engagée en 2008 va devoir succéder une période de consolidation budgétaire, d'autant qu'un certain nombre de pays ont consenti de très gros efforts pour renflouer leurs banques. La question est de savoir quand la reprise sera assez robuste pour

---

analyse des enjeux de l'*exit strategy*. Le document présenté aux ministres (Jürgen von Hagen, Jean Pisani-Ferry et Jakob von Weizsäcker, « A European exit strategy », *Bruegel Policy Brief*, octobre 2009) formulait plusieurs recommandations pour la conduite de la consolidation budgétaire (préalable de l'assainissement bancaire, maintien du soutien monétaire, accord sur l'ampleur minimale de l'effort d'ajustement mais aussi sur l'effort maximal, en sorte de préserver la croissance). En dépit de ces appels à la prudence dans la conduite de l'ajustement (qui n'ont pas été entendus), force est de reconnaître que ce papier sous-estimait lui aussi la fragilité de la reprise.

qu'on puisse inverser la vapeur et mettre le cap sur la réduction des déficits. Elle est aussi – ou devrait être – de savoir quels pays devront, parce que leur situation est plus précaire, engager le mouvement les premiers, et lesquels pourront se permettre de tarder un peu plus longtemps, pour que tous ne pèsent pas en même temps sur la reprise.

Pareilles décisions méritent d'être soupesées. Aux États-Unis, l'administration Obama n'est pas pressée de mettre le pied sur le frein. Larry Summers, le cerveau économique du président, avait plaidé début 2008 pour les trois T : une relance *timely, targeted and temporary* (opportune, ciblée et temporaire). Mais, depuis la faillite de Lehman, il a changé pour les trois S : elle doit, dit-il, être *speedy, substantial and sustained* (prompte, substantielle et soutenue)[1]. Désormais aux commandes, il s'attache à ce que la politique de Barack Obama réponde à cette prescription. Il n'y parvient pas complètement, mais obtient au moins que le soutien budgétaire demeure sensiblement constant de 2009 à 2011, avant d'être réduit en 2012 et éliminé en 2013[2].

Les ministres européens, eux, sont pressés d'agir. Ils ont d'ailleurs déjà commencé. Dès le printemps 2009 – quelques semaines seulement après avoir dé-

---

1. Intervention de Larry Summers à la CEO Council Conference du *Wall Street Journal*, 19 novembre 2008.
2. Sur la base du solde structurel primaire tel que calculé par le FMI. Pour une analyse détaillée *ex post* du programme de relance américain, voir *Economic Report of the President*, mars 2014, chapitre 3.

cidé la relance – ils ont, conformément au Pacte de stabilité qui régit les politiques budgétaires, placé la plupart des pays en situation de « déficit excessif », et ont fixé à chacun d'eux un calendrier de retour vers l'équilibre. La séquence des décisions est rétrospectivement sidérante : le 12 décembre 2008, les chefs d'État et de gouvernement ont décidé d'un plan de relance de 200 milliards d'euros, dont la concrétisation repose essentiellement sur des mesures de soutien par les États eux-mêmes. Mais, dès le 27 avril 2009, le Conseil des ministres des Finances place les acteurs de cette relance en situation de déficit excessif des finances publiques. Et, le 30 novembre 2009, il leur recommande formellement d'engager dès 2011 les efforts qui permettront aux déficits de revenir en 2013 sous la barre des 3 %.

En s'accordant sur ce schéma, les ministres cherchent à donner de la visibilité aux acteurs économiques en leur indiquant avec précision quand, et à quel rythme, le cap sera mis sur la maîtrise de l'endettement. Ce serait de bonne politique, s'ils étaient assurés de la solidité de la reprise qui vient de démarrer. Mais ils s'engagent sur la date de démarrage de la séquence « consolidation » avant d'avoir pu vérifier que la séquence « relance » a bien remis l'économie sur les rails. Le plan de marche est fixé, et malgré l'affaissement rapide de la croissance ils n'en dévieront plus. Dès l'hiver 2009-2010, chaque pays élabore le programme de retour à l'équilibre budgétaire qu'il va soumettre à son Parlement pour application au premier janvier 2011. À la fin du printemps 2010, les jeux sont faits, et au sommet de Toronto, en juin, Europe et États-Unis ne peuvent que constater leur désaccord sur les priorités : Barack Obama met en garde sur la fragilité de la reprise, David Cameron et Angela Merkel affichent leur confiance, mais soulignent le risque que font peser déficit et endettement. Le communiqué sur lequel s'accorde le G20 est un galimatias d'indications contradictoires.

Début 2011, l'Europe engage donc avec un bel ensemble coupes de dépenses et hausses d'impôts. La reprise n'y survit pas. La croissance de la production industrielle, qui avait repris au rythme de 2 % l'an, repasse immédiatement dans le rouge. Le continent bascule dans une seconde récession, certes moins profonde que celle de 2008, mais plus longue : son PIB ne retrouvera que fin 2014 le niveau du début 2011. Le chômage, qui s'était stabilisé, repart bientôt à la hausse, tandis que sa baisse s'affirme en Amérique. Nul en 2010, l'écart des taux de chômage entre les deux rives de l'Atlantique sera bientôt de quatre points – cinq, même, avec la zone euro. Huit millions de chômeurs de plus : c'est énorme, surtout si l'on se rappelle que la crise est venue du marché du crédit immobilier américain.

Certes, la politique budgétaire européenne n'explique pas à elle seule la crise de la zone euro, dont l'appel de la Grèce au FMI constitue le premier épisode, et qui atteindra son acmé en 2011-2012 lorsque l'Espagne et l'Italie se verront, elles aussi, menacées de perdre l'accès au marché. La récession résulte également de la concomitance de dévaluations internes de pays cherchant à regagner (au sud) ou à conserver (au nord) leur compétitivité après des années de divergences salariales. Plus fondamentalement, la crise révèle, à travers l'interaction mal maîtrisée entre risques bancaires et risques souverains, une fragilité intrinsèque de la zone euro[1]. Si nous nous concentrons ici sur la stratégie budgétaire et ce qui l'accompagne, c'est pour analyser une défaillance de politique économique manifeste, délimitée et identifiée. Et qui se décline en cinq erreurs, si l'on compte bien.

Première erreur : le choc de 2008 est d'abord lu comme un événement externe, brutal mais sans autres effets que temporaires. À la manière d'un accidenté qui se relève groggy, prétend que tout va bien et se remet à marcher avant de devoir constater qu'il n'en a pas la force, l'Europe commence par sous-estimer la gravité de la commotion. Elle fait comme si sa croissance pouvait reprendre avec vigueur, en négligeant le fait que le choc a révélé de profonds déséquilibres, accumulés au fil d'une décennie : écarts de prix et de coût entre le nord et le sud de la zone euro, endettement excessif des ménages et des entreprises, bulle immobilière au Royaume-Uni, en Irlande et en Espagne. Ici ou là, ils auraient pu perdurer encore un peu, mais la fête est finie, les créanciers sont devenus plus inquiets et

---

1. Voir sur ces questions Jean Pisani-Ferry, *La Crise de l'euro et comment nous en sortir*, Fayard, « Pluriel », nouvelle édition 2013.

les emprunteurs doivent s'ajuster. Partout, l'heure est à l'assainissement des bilans.

Le problème, cependant, est qu'il est extrêmement coûteux qu'État et secteur privé veuillent se désendetter en même temps. C'est ce que Keynes a appelé le paradoxe de l'épargne : parce que les excédents des uns sont les déficits des autres, tous ne peuvent pas – sauf à rejeter le problème sur le reste du monde – s'ajuster en même temps[1]. Lorsque ménages et entreprises veulent redresser leurs comptes, les États doivent être patients pour eux-mêmes. Or ils se montrent dangereusement impatients.

Deuxième erreur : la sous-estimation de l'impact de l'ajustement budgétaire. À l'automne 2010, la Commission européenne publie ses prévisions pour 2012. Pour la zone euro, elle attend une croissance de 1,8 %, ce sera – 0,7 %. L'année suivante, pour 2013, elle prévoit 1,3 %, ce sera – 0,5 %. Un an plus tard, pour 2014, elle anticipe 1,4 %, ce sera 0,9 %. L'erreur de prévision est massive, répétée, systématique[2].

D'où vient cette erreur ? En partie, bien sûr, des conséquences de la crise de la zone euro qui fait rage

---

1. Voir Gauti Eggertsson et Paul Krugman, « Debt, Deleveraging, and the Liquidity Trap: A Fisher-Minsky-Koo Approach », *The Quarterly Journal of Economics*, vol. 127 (3), 2012.

2. Calculs sur la base des prévisions d'automne de la DG ECFIN. Le premier chiffre se réfère à la prévision effectuée en novembre de l'année t pour l'année $t + 2$, le deuxième à la croissance du PIB pour la même année publiée en novembre $t + 3$.

en 2011-2012, mais largement aussi de l'effet de l'ajustement budgétaire sur la croissance : l'Europe a cru que celui-ci n'aurait que des conséquences modérées, mais elles se révèlent beaucoup plus fortes. Le multiplicateur, qui mesure l'impact d'une réduction du déficit sur le PIB, est plus élevé qu'attendu. Or un resserrement budgétaire voisin d'un point de PIB, comme en 2010, réduit la croissance de 0,5 point si le multiplicateur vaut 0,5, mais de 1,5 point s'il vaut 1,5.

La Commission n'a pas l'apanage de cette mauvaise prévision. Comme Olivier Blanchard, alors chef économiste du FMI, l'expliquera en octobre 2012 dans un encadré qui fera grand bruit, le FMI lui aussi a systématiquement sous-estimé l'impact récessif des ajustements budgétaires[1]. Pour partie, cela résulte de la propension au *wishful thinking* des grandes bureaucraties : lorsqu'il a été décidé d'une politique, on lui trouve des vertus. Mais le problème provient aussi de vraies erreurs analytiques. Les prévisionnistes ont négligé qu'en 2010 ou 2011 toutes les conditions étaient réunies pour que l'impact d'une consolidation soit bien plus important qu'à l'habitude : un chômage élevé, une économie sans inflation et des taux d'intérêt bloqués au voisinage de zéro. S'il a pu arriver, ici ou là, que l'austérité ne nuise pas à la croissance, ce n'est vraiment pas le cas dans l'Europe de 2011.

---

1. *IMF World Economic Outlook*, octobre 2012, Box 1.1. « Are We Underestimating Short-Term Fiscal Multipliers ? »

Pourquoi cette faute d'appréciation ? Il est toujours difficile de faire *a posteriori* le partage entre vraies erreurs et mauvais compromis. En 2011, l'Allemagne, qui aurait pu attendre pour consolider, est pressée de revenir à l'équilibre budgétaire et n'est pas disposée à écouter ceux qui la somment d'attendre. L'Espagne et, très vite, l'Italie, coupent dans les dépenses pour rassurer les marchés et éviter une hausse de leurs coûts d'emprunt. Mauvaise appréciation ou pas, il y a donc une part d'inévitable dans ces ajustements simultanés. Il reste cependant que les économistes n'ont pas assez averti des risques de la stratégie budgétaire européenne.

Troisième erreur : le déni du problème bancaire. Les banques européennes ont fait des pertes sur les produits dérivés des crédits immobiliers américains, et elles portent sur leur bilan des créances sur des emprunteurs peu solvables – investisseurs autrichiens, entrepreneurs du bâtiment espagnols ou PME italiennes – dont le recouvrement est pour le moins incertain. Dans ce type de situation, le comportement des banques est toujours le même : se méfier les unes des autres ; minimiser leurs propres pertes ; prétendre qu'elles maîtrisent la situation ; et, en attendant, cesser de prêter. Tant que le système bancaire est malade, l'économie ne peut pas vraiment repartir. Il faut donc, en préalable à un ajustement budgétaire, forcer les banques à révéler leurs pertes, faire le tri parmi elles entre mourantes, malades et saines, recapitaliser celles qui méritent d'être sauvées et liquider les autres. Travail douloureux, essentiel, et surtout à mener rapidement : comme l'a montré la crise japonaise des années 1990, plus on tarde, plus c'est cher, et plus l'économie souffre.

En mai 2009, les États-Unis ont franchi l'obstacle : les banques en péril ont fait faillite ou ont été rachetées, et pour ce qui est des autres, des *stress tests* exigeants ont rétabli la confiance. En Europe, on en est loin. Chaque régulateur national prétend que ses banques sont saines et que les problèmes sont chez le voisin, et ce qui tient lieu de régulateur européen n'a pas les moyens de vérifier. En juillet 2010, les *stress tests* européens concluent que sept banques seulement sont en difficulté, et que leurs besoins en capital ne sont que de 3,5 milliards. Deux ans plus tard, le sauvetage des seules banques espagnoles en mobilisera plus de 40. Il faudra plusieurs vagues de tests, de plus en plus exigeants et transparents, pour que la plus grande part des pertes du système bancaire soit mise en lumière. Lorsque Christine Lagarde, tout juste passée de Bercy au FMI, déclare en août 2011 que les banques européennes ont un besoin urgent de recapitalisation, ses anciens collègues crient à la trahison[1]. La procrastination va encore durer un certain temps.

Quatrième erreur : la réaction tardive de la politique monétaire. Un durcissement budgétaire a d'autant moins de risques de peser sur la croissance qu'il s'accompagne d'un assouplissement monétaire.

---

1. Christine Lagarde, discours à Jackson Hole, 27 août 2011.

Le bon dosage entre instruments budgétaire et monétaire, c'est ce qu'on appelle le *policy mix*, un peu improprement d'ailleurs parce qu'il n'est pas besoin, pour le mettre en œuvre, d'une coordination explicite. Il suffit que la banque centrale anticipe les effets de l'orientation budgétaire annoncée et en tire les conséquences. Quand les États appuient sur le frein, les banques centrales font généralement l'inverse.

La BCE ne manque pas de réactivité. En 2007, elle a très promptement répondu à la paralysie du marché interbancaire, évitant ainsi l'amplification des sinistres financiers, et, en 2010, elle n'a pas tardé à prendre la mesure de la crise grecque. Mais, au printemps 2011, elle est étrangement aveugle aux risques de récession et relève par deux fois son taux d'intérêt. Elle considère qu'il convient de dissocier soutien à la liquidité – qu'elle fournit généreusement – et orientation de la politique monétaire – sur laquelle elle se montre restrictive. Et Jean-Claude Trichet, qui fait face à la fronde de son collègue allemand, se montre d'autant plus orthodoxe en matière de taux d'intérêt qu'il a fait preuve d'audace dans la fourniture de liquidités et de soutien aux États endettés.

À la même époque pourtant, ce n'est pas la normalisation qui est à l'ordre du jour chez ses partenaires : à la Fed, Ben Bernanke en est à son deuxième programme d'achat de titres – le *quantitative easing (QE)*, qui en comptera trois ; son collègue britannique, Mervyn King, a déjà acheté 200 milliards de livres de titres publics et se prépare à en acheter à peu près autant. Mais l'orientation de la BCE est opposée : non seulement elle ne parle pas encore de QE, mais elle relève les taux. Pour expliquer cette décision, Jean-Claude Trichet, son président de l'époque, évoque l'élan de la reprise et des risques inflationnistes. Quelques mois plus tard, la première décision de son successeur Mario Draghi sera d'amorcer une baisse des taux qu'il poursuivra jusqu'à les conduire en territoire négatif. À l'été 2014, il engage une politique d'expansion du bilan de la BCE, avant de mettre en œuvre son QE au début 2015 – six ans, donc, après la Banque d'Angleterre.

Cinquième erreur, enfin, et non la moindre : la sous-estimation de la composante commune des problèmes. Au mitan de sa crise, l'Europe, cette construction collective, est saisie du syndrome OHIO – *Own House In Order* – selon lequel le succès collectif n'exige rien d'autre que le respect des disciplines individuelles. Or cette prescription n'est pas seulement contraire au code génétique de l'Union européenne et à la lettre des traités qui la régissent. Elle est, au surplus, erronée. Les États, certes, sont chacun responsables de leurs imprudences. Mais ce qui est en cause à partir de l'année 2011, ce n'est plus la situation de tel ou tel, c'est le sort de l'euro et de tous les pays qui y participent. Ce qui excite la spéculation, c'est moins le laisser-aller budgétaire que la fragilisation mutuelle des banques et des États. Et ce qui menace le système bancaire, c'est moins tel ou tel défaut souverain que la fuite des capitaux dont souffrent les pays du Sud.

Il faut un singulier aveuglement pour manquer cette dimension commune. Et pourtant le sentiment d'un destin partagé est largement occulté par la volonté de ne pas céder au laxisme à l'égard des imprudents, et par la peur de trop donner à son voisin. L'Allemagne, en particulier – mais elle n'est pas la seule –, redoute par-dessus tout que la zone euro se transforme en « union des transferts ». Elle ne veut pas que l'invocation d'une dimension collective des problèmes serve de prétexte à la mutualisation du risque. L'affaire des eurobonds cristallise cette opposition : pour ses promoteurs, la garantie mutuelle des emprunts d'État est l'arme atomique pour contrer la spéculation ; pour ses détracteurs, c'est la porte ouverte à l'irresponsabilité généralisée.

Pour que la panique cède le pas et que le calme revienne, il faudra attendre, à l'été 2012, le « quoi qu'il en coûte » par lequel Mario Draghi s'engage à défendre la monnaie dont il a la charge, et l'annonce parallèle de l'union bancaire par les chefs d'État et de gouvernement. Dans l'intervalle, que de temps perdu ! La crise européenne aura duré trois fois plus longtemps que la crise asiatique de la fin des années 1990. Pour que l'économie sorte de la récession, il faudra attendre le printemps 2013. Pour que la croissance revienne vraiment, la fin 2014. Et pour que le PIB de la zone euro retrouve son niveau d'avant-crise, le début 2016.

Cette séquence de décisions explique pour l'essentiel pourquoi la zone rechute au moment où les États-Unis retrouvent une croissance autoentretenue.

Un ajustement budgétaire plus précoce imposé à une économie moins résiliente, dont les bilans bancaires n'ont pas été apurés, qui ne bénéficie pas d'un soutien monétaire suffisant et qui souffre de fragilités systémiques : c'est beaucoup. Ajoutons pour finir l'obstination qui prévaut en zone euro (mais pas au Royaume-Uni, où le rythme de l'ajustement est rapidement corrigé) : c'est trop.

Comme la plupart des autres pays de la zone euro, la France paye cher pour ces erreurs. Du printemps 2011 – un an avant la présidentielle – au printemps 2013 – un an après – l'économie est quasiment à l'arrêt ; et il faut attendre la fin 2014 pour que, pétrole, taux d'intérêt et taux de change aidant, l'accélération soit sensible. Nicolas Sarkozy y perd un argument pour sa réélection, et François Hollande sa crédibilité : le pari sur la reprise sur lequel est gagée la politique économique des premières années de son mandat est rapidement perdu ; l'objectif de ramener le déficit public à 3 % du PIB en 2013 et de l'éliminer en 2017 doit être abandonné ; et l'engagement formulé en septembre 2012 d'inverser la courbe du chômage dans un délai d'un an ne tarde pas à devenir un symbole d'impuissance. D'autres, autour de nous, payent un prix économique et social plus élevé encore : en Espagne et en Italie, la contraction de l'économie et de l'ordre de 4 à 5 %.

Cinq erreurs ! L'accumulation laisse pantois. Pourtant, l'Europe compte tout ce qu'il faut de technocrates compétents et d'universitaires chevronnés. Pourtant, les hommes et les femmes qui la dirigent sont généralement pondérés. Pourtant, les institutions de la zone euro et les règles qui s'y appliquent ont été conçues dans le dessein d'inciter à des politiques économiques de qualité. Pourtant, les économistes de la Commission européenne et ceux de la BCE lisent les mêmes articles et participent aux mêmes séminaires que leurs pairs britanniques ou américains. Pourtant, il ne manque pas d'instances de délibération où les décisions envisagées sont examinées en détail avant d'être entérinées. Alors, pourquoi une telle série de bévues et de fautes ? Et pourquoi n'ont-elles pas été corrigées dès que leurs conséquences sont apparues ?

À la décharge des dirigeants européens, il faut reconnaître que l'Europe des années 2010-2012 navigue entre Charybde et Scylla, et que les craintes sur le financement des dettes publiques n'y ont rien d'imaginaire. La Grèce, l'Irlande, le Portugal et Chypre vivent successivement la même séquence traumatique, qui commence par une montée des taux d'intérêt exigés par les investisseurs pour prêter à l'État et se termine, quelques mois plus tard, par la perte complète de l'accès au marché. Faute d'un appui direct auquel la BCE se refuse, parce qu'elle considère qu'il ne lui revient pas d'endosser un rôle de prêteur en dernier ressort, les pays endettés sont seuls face à la pression des marchés. Comme l'a observé l'économiste belge Paul De Grauwe, tout se passe comme s'ils empruntaient en devise étrangère, et non dans leur propre monnaie. Certains États sont ainsi contraints à davantage d'ajustement budgétaire que ne leur en imposent les règles européennes. Il ne leur reste plus alors, après avoir dû demander secours au FMI et aux partenaires, qu'à subir l'humiliation de se faire dicter leur politique économique par des technocrates qui exigent, en contrepartie du soutien financier qu'ils apportent, assainissement budgétaire et réformes économiques. L'Espagne et l'Italie n'ont pas été loin, elles aussi, de subir le même sort. Pour leurs dirigeants, il vaut bien mieux serrer le frein budgétaire un peu trop tôt ou un peu trop fort que de passer sous la tutelle des créanciers publics.

L'argument n'est cependant pas aussi déterminant qu'il y paraît. Car, s'il est clair que la situation budgétaire de certains États ne leur laissait pas d'autre choix que de mettre le cap sur l'austérité, ce n'était pas le cas de tous. Il aurait fallu, précisément, doser les efforts en sorte de préserver la croissance et d'éviter les crises. C'est peu ou prou ce qu'écrit en janvier 2012 l'agence Standard and Poor's à l'appui de sa décision de dégrader la notation de la quasi-totalité des pays de la zone euro : « Nous croyons que l'accord [entre les États] repose sur une analyse partielle de la source de la crise financière : à savoir que celle-ci provient principalement de la prodigalité budgétaire à la périphérie de la zone euro. À notre avis, cependant, les problèmes financiers de la zone euro sont autant une conséquence de déséquilibres extérieurs croissants et des divergences de compétitivité entre le noyau de la zone euro et la soi-disant périphérie. Nous pensons qu'un processus basé sur le seul pilier de l'austérité fiscale risque de mener à l'échec, si la demande intérieure chute en raison des préoccupations des consommateurs quant à la sécurité de l'emploi et du revenu disponible[1]. »

L'auteur de ce communiqué n'est pas Yanis Varoufakis, l'éphémère ministre des Finances grec qui, en bon professeur qu'il était, s'efforçait de convaincre ses collègues de changer de voie. C'est, début 2012, l'un des vigiles qui font l'opinion des marchés : la principale des agences de notation chargées de vérifier la solvabilité des États.

Alors pourquoi ? Pourquoi cet oubli des faiblesses de l'économie privée ? Pourquoi ce mauvais séquençage des mesures de redressement qui conduit, contre toute logique, à engager l'assainissement des comptes publics avant celui des banques ? Pourquoi cette évaluation erronée des risques ? Pourquoi cette réaction monétaire à contretemps ? Pourquoi cet oubli des interdépendances entre pays ? Et, surtout, pourquoi cette persévérance dans l'erreur ?

Cela tient dans un premier temps à des croyances. En 2010-2011, les dirigeants européens et les économistes qui les entourent ont foi en la solidité de la zone euro. Bien sûr, ils soupçonnent que la Grèce a triché, que l'Irlande et l'Espagne ont été imprudentes, que le Portugal est faible. Bien sûr, ils savent que l'architecture de la zone euro laisse encore à désirer. Mais qui n'a pas quelques cadavres dans son placard ? Fondamentalement, ils lisent la crise

---

[1]. Communiqué de Standard and Poor's du 13 janvier 2012.

comme une revanche de l'Europe sur les États-Unis. L'Amérique, pensent-ils, paye pour ses folies : pour son développement financier débridé, pour ses crédits à des emprunteurs évidemment insolvables, pour son déficit extérieur permanent. Pour l'explosion des inégalités sociales, ajoute-t-on à gauche. Pour le financement par la dette de la guerre en Irak, dit-on à droite.

Les dirigeants européens vantent aussi les vertus protectrices de leur monnaie. Imaginons, répètent-ils à l'envi, ce qu'aurait été la crise financière sans l'euro ! Il nous protège, disent-ils. Et, d'une certaine manière, c'est vrai : l'euro préserve des crises d'hier, celles, nées sur le marché des changes, que l'Europe et l'Asie ont successivement connues dans les années 1990. Le FMI lui-même s'y est laissé tromper, qui n'a rien vu venir malgré des dizaines de missions d'examen de la situation des différents pays. Il a cru, comme les Européens, que la suppression des taux de change signait la disparition des crises.

Les responsables européens jugent, enfin, que les fondements du système de politique économique qu'ils ont établi sont solides. Les hypothèses sur la base desquelles l'euro s'est construit ont été élaborées pas à pas, au fil d'interminables discussions qui ont été l'occasion d'un apprentissage collectif. Les acteurs des nuits sans sommeil passées à négocier sont convaincus qu'ils ont tiré le meilleur de l'expérience de chacun. Ils pensent fermement que, pour autant que les politiques budgétaires soient sages et la politique monétaire orientée vers la stabilité des prix, l'économie demeurera sur un sentier de croissance raisonnable.

L'explication par les croyances ne suffit cependant pas. Les responsables européens ne sont pas aveugles, et, après avoir longtemps minimisé les problèmes, ils finissent par en reconnaître l'ampleur. C'est là qu'intervient une deuxième source d'erreur : l'adhésion farouche à un modèle de gouvernance par les règles peut-être adapté au temps calme, mais inopérant dans la tempête.

À ce stade du raisonnement la plume hésite tant mettre en cause les règles est, en France, se donner une cible trop facile. Ce pays est tellement imprégné de la culture du discrétionnaire que quasiment personne n'y voit pourquoi il pourrait être justifié de lier les mains des gouvernants en leur imposant de se conformer à des prescriptions préétablies. Avant de critiquer les règles, il faut donc expliquer pourquoi on peut aussi leur trouver quelque vertu.

Deux arguments plaident classiquement en leur faveur. Le premier est de portée générale : la règle est ce qui préserve les gouvernements de la tentation de tromper les agents économiques et de repousser les problèmes à demain. C'est un moyen d'éviter de tomber dans le piège de l'aléa moral évoqué au premier chapitre.

Le second argument est propre à l'Europe, et se retrouve sous une forme ou l'autre dans toutes les constructions fédérales : en l'absence d'autorité centrale, la règle est ce qui fait prévaloir l'intérêt collectif. L'Europe est gouvernée par un droit et des procédures destinées à le faire appliquer. La règle préserve chaque pays des errements de ses voisins et, singulièrement, protège les petits de l'arbitraire des grands. C'est vrai en matière de concurrence, de réglementation, et depuis l'euro en matière budgétaire.

Pour les finances publiques, le seuil de 3 % du PIB au-delà duquel les déficits sont dits excessifs, l'objectif d'équilibre des comptes publics et l'effort minimal demandé chaque année sont ainsi destinés à prévenir les États d'une double tentation : celle de repousser collectivement les problèmes à demain, et surtout celle de léser leurs partenaires. Spécifiquement, ils visent à prévenir le scénario du cauchemar qui est, dans une union monétaire, que les États s'endettent à l'excès pour venir *in fine* demander à la banque centrale l'inflation qui effacera leur passif, et aux États partenaires la recapitalisation des banques dont ils n'auront pas honoré les créances.

Ces règles ont commencé d'être mises en place très tôt, à l'insistance de l'Allemagne, et graduellement complexifiées, également à sa demande, tandis que la France, elle, plaidait pour une instance de décision collective – ce que tous nos dirigeants depuis vingt-cinq ans ont appelé un « gouvernement économique ». Chacun sa culture.

On peut discuter longtemps des mérites respectifs des deux modèles de gouvernance. Chacun a ses qualités et ses défauts. À l'expérience, les pays qui ont limité la capacité de décision discrétionnaire de leurs gouvernants ne s'en sortent pas plus mal

– même s'il faut rappeler qu'en 2003 l'Allemagne elle-même s'est émancipée de la règle. Mais en situation de crise aiguë les règles, utiles en temps normal, sont au mieux inutiles, souvent encombrantes et même nuisibles. Pour naviguer dans la tourmente il faut de l'initiative, pas des contraintes ; de l'audace, pas de la prévisibilité ; de la rapidité de décision, pas des procédures. C'est pour cela d'ailleurs que beaucoup de règles comportent des clauses de sauvegarde qui permettent de s'abstraire temporairement des contraintes qu'elles fixent.

Le problème, au cours de la crise de l'euro, est qu'au lieu de faire jouer les flexibilités des règles budgétaires, les États européens n'ont de cesse de les durcir. *Six-Pack* en septembre 2010, *Two-Pack* en novembre 2011, *Fiscal Compact* en décembre 2011 : en moins de deux ans, la législation macroéconomique européenne passe de moins de 30 à plus de 120 pages[1]. Peu importe qu'à l'exception de la Grèce les pays qui subissent des attaques – Irlande, Espagne, et même Portugal – n'aient pas été en infraction budgétaire à la veille des difficultés. L'Europe, au cours de ces années, voit la crise à travers le prisme grec et resserre constamment les contraintes. À la table des ministres des Finances, on joue Molière :

---

1. Les dates indiquées sont celles de l'introduction des projets de législation ou d'accord international, pas celles de leur approbation définitive.

« Géronte : Pourquoi s'aller faire saigner, quand on n'a point de maladie ?

Sganarelle : Il n'importe, la mode en est salutaire : et comme on boit pour la soif à venir, il faut se faire, aussi, saigner pour la maladie à venir. »

Pourquoi l'Europe ne prend-elle pas quelque distance avec la numérologie dont elle s'est dotée ? Ce serait juridiquement possible, car les textes permettent bien de tenir compte d'une « détérioration exceptionnellement marquée de la situation économique ». La Commission, d'ailleurs, hésite à faire jouer cette clause en 2012-2013, lorsque les conséquences d'ajustements budgétaires simultanés apparaissent en pleine lumière. Mais personne n'ose alors vraiment peser pour interpréter le Pacte de stabilité avec flexibilité et, finalement, c'est le masochisme budgétaire qui l'emporte.

Cette insistance obsessionnelle vient d'abord de ce que nombre de ceux qui préparent les décisions, au Conseil des ministres européens, au ministère des Finances allemand et ailleurs, estiment que leur premier devoir est de faire appliquer la loi commune. Obnubilés par le cas grec, ils sont persuadés que pour éviter sa répétition il faut avant tout s'assurer de la bonne application des disciplines communes. Ils craignent qu'entrer dans la logique économique les entraîne sur une pente dangereuse.

Il serait toutefois erroné de croire que tous les avocats de la règle sont des juristes obtus. À Berlin entrent aussi en jeu deux considérations d'importance.

La première est que la crise a révélé une formidable ambiguïté dans la constitution de l'union monétaire : la signification du principe de non-renflouement (*no bailout*). C'est un peu le même sujet que dans l'affaire Lehman, mais à la puissance dix. Pour prévenir le risque de monétisation des dettes publiques, l'Allemagne avait exigé, dès les premières discussions des années 1980, l'inscription dans le traité d'un principe de non-solidarité sur les dettes publiques. Outre-Rhin, la plupart des observateurs y ont longtemps vu un interdit juridique contre l'assistance à un État en difficulté. Lorsqu'ils découvrent, avec le soutien européen à la Grèce, qu'il n'en est rien, ils sont terrifiés et exigent en contrepartie un renforcement immédiat des disciplines préventives. Sans doute savent-ils que ce durcissement comporte un coût économique immédiat. Mais celui-ci est, à leurs yeux, mineur au regard de la menace que le sauvetage de la Grèce fait peser sur l'avenir à long terme de l'euro.

La seconde considération est plus stratégique. L'Allemagne s'inquiète de ce que nombre d'États européens aient rejoint l'euro sans avoir pris conscience des réformes qu'exige la participation à une zone monétaire. La stricte application de la règle a l'avantage annexe de priver ces États des facilités de la relance et de les forcer à ne plus repousser les réformes qu'ils n'ont jamais eu le courage d'entreprendre. Pour les tenants de cette lecture, la croissance vient fondamentalement de l'offre et accessoirement de la demande, mais comme la première voie est plus douloureuse que la seconde, tout gouvernement tend à jouer sur le déficit : baisser les impôts plutôt que de réformer le marché du travail, augmenter la dépense au lieu de promouvoir l'innovation. Or il est vital, en régime de monnaie commune, de renforcer la résilience intrinsèque et la capacité de croissance endogène des pays participants. Parce qu'elle met leurs dirigeants dos au mur, la crise offre une occasion de réforme à ne pas manquer. Ouvrir des échappatoires serait contre-productif. Et tant pis si, là encore, il faut souffrir aujourd'hui pour aller mieux demain. La survie de l'euro est à ce prix.

On le voit : adversaires et avocats de la stricte application des règles ne partagent pas la même représentation du fonctionnement de l'économie ; ils n'accordent pas non plus la même valeur au temps. Dans ces conditions, une autre stratégie budgétaire était-elle possible ? En principe, elle était concevable. Il aurait fallu, pour la définir et la mettre en œuvre, que les dirigeants des principaux pays, et d'abord ceux de Paris et Berlin, s'accordent sur les questions, la nature des réponses, et l'ordre de leur mise en œuvre. Il aurait fallu assez de volonté commune pour ne pas attendre d'être tout au bord du précipice pour décider. Il aurait fallu suffisamment de confiance réciproque pour définir une stratégie conjointe de réponse aux déficiences révélées par la crise de l'euro et élaborer les compromis que celle-ci appelait. Il aurait fallu un pacte qui associe souplesse budgétaire à court terme et assurances crédibles de responsabilité à long terme. Il aurait fallu que réformes et solidarité aillent de pair. Il aurait fallu, surtout, que les dirigeants nationaux disposent d'un capital politique suffisant pour s'engager vis-à-vis de leurs partenaires. C'est tout cela qui a fait défaut[1].

---

1. Nous remercions Marco Buti et André Sapir pour leurs commentaires sur la version préliminaire de ce chapitre.

Chapitre 3

La défaite face au chômage

En 1967, alors que la France en compte 175 000, Georges Pompidou déclare : « Si l'on atteint un jour les 500 000 chômeurs en France, ce sera la révolution. » En 1974, la barre des 500 000 atteinte, Valéry Giscard d'Estaing assure : « Le gouvernement fera le nécessaire à temps pour vous protéger du chômage. Il en a la volonté et il en a les moyens. » En 1977, le million a déjà été dépassé quand Raymond Barre lance le « pacte pour l'emploi des jeunes ». En 1993, quand François Mitterrand lâche « dans la lutte contre le chômage, on a tout essayé », la France compte 3 millions de chômeurs.

Depuis quarante ans, tous les présidents et chefs de gouvernement se sont engagés à réduire le chômage. Plusieurs, à l'instar de Lionel Jospin qui voulait, en 1999, « reconquérir une société de plein-emploi » en une décennie, ou de Nicolas Sarkozy qui ambitionnait, en 2007, d'atteindre 5 % de chômeurs à la fin de son quinquennat, ont fixé des cibles chiffrées. D'autres, comme François Hollande en 2012, se sont donné comme objectif d'« inverser la courbe du chômage ». Malgré ce volontarisme, les faits sont sans appel. Inférieur à 3 % début 1975, le taux de chômage a augmenté de façon quasi continue dans les années 1970 et 1980 et fluctue depuis 1990 entre 10 % et 7 %[1].

Pourtant, certains de nos voisins européens ont réussi là où nous avons échoué. Le chômage n'est donc pas une fatalité économique ou technologique, face à laquelle les politiques publiques seraient vouées à l'impuissance. Certes, tous les pays industrialisés ont subi son envolée dans les années 1970 et 1980. Et la crise de 2008 a conduit presque partout à sa remontée. Mais l'Allemagne, homme malade de l'Europe à la fin des années 1990[2], enregistre au début 2016 un taux de chômage de 4,2 %. Le Royaume-Uni est à 5,0 % ; le Danemark à 5,8 %, comme l'Autriche ; les Pays-Bas sont à 6,4 %.

Cet échec national serait explicable, éventuellement même acceptable, s'il était la contrepartie d'une meilleure qualité de l'emploi. Souvent, nous nous rassurons en nous disant qu'en France, au moins, on ne connaît pas les contrats « zéro heure » qui obligent certains salariés britanniques à se tenir à disposition de leur employeur sans aucune garantie de travailler une seule heure dans la semaine. Nous

---

1. Précisément entre 10,4 % (en 1994 et 1997) et 6,8 % (début 2008) pour le taux de chômage trimestriel au sens du BIT en France métropolitaine.
2. *The Economist*, 1999.

avançons aussi que chez nous, au moins, les salariés sont préservés de l'arbitraire patronal par un droit du travail protecteur. S'il est vrai que les inégalités de salaires sont restées contenues en France quand elles ont augmenté ailleurs, les enquêtes comparatives rassemblées par les syndicats européens montrent que la qualité de l'emploi n'est pas meilleure en France : le mal-être au travail y est répandu, les relations professionnelles y sont vécues comme conflictuelles et le sentiment d'insécurité professionnelle y est relativement élevé.

Il est rare de trouver un tel contraste entre une priorité politique constamment réaffirmée et des résultats si médiocres. Les politiques savent combien l'écart entre les mots et les faits est pour eux source de discrédit. Alors pourquoi ? Qu'ont donc fait les gouvernements ? Où et quand se sont-ils fourvoyés ? Et pour quelles raisons ?

Revenons au point de départ. Lorsqu'en 1974 le premier choc pétrolier induit à la fois hausse du chômage et envol de l'inflation, les décideurs se trouvent démunis. Les modèles économiques alors en usage leur disent en effet que le chômage résulte d'une insuffisance de la demande – d'une consommation, d'un investissement ou d'exportations trop faibles – qui devrait aussi se traduire par une baisse de l'inflation. La stagflation, coexistence d'inflation et de chômage, n'existe pas dans ces modèles. Or c'est exactement ce qui s'observe à l'époque. À tâtons, le gouvernement Chirac tente donc des mesures de relance, associées à des aides aux entreprises en difficulté, à des protections accrues contre les licenciements[1] et à une hausse des allocations chômage, pour limiter les tensions sociales. L'espoir est de retrouver rapidement le sentier de croissance et de plein-emploi dont la France s'est éloignée. Sans succès : l'inflation persiste, la croissance déçoit, le chômage augmente.

En 1976, Raymond Barre, « meilleur économiste de France » selon Valéry Giscard d'Estaing, est nommé à la fois Premier ministre et ministre de l'Économie et des Finances. Son arrivée marque une rupture : de la demande, l'attention se déplace vers l'offre. Au même moment Edmond Malinvaud, directeur général de l'Insee, introduit la distinction entre chômage keynésien (dû à l'insuffisance de la demande) et chômage classique (dû à des salaires trop élevés et trop rigides). Le message de sa « théorie du déséquilibre » est d'abord que les causes du chômage ne sont pas toujours les mêmes : une économie peut alterner entre les deux régimes. Malinvaud opère ensuite un glissement d'importance. À une controverse doctrinale entre classiques et keynésiens sur la nature du chômage, il substitue une discussion empirique. L'implication de sa théorie est qu'il ne faut pas se tromper sur les origines du mal qu'on souhaite soigner : des remèdes keynésiens appliqués à un chômage classique ne font qu'empirer les choses (et *vice versa*, mais de cela on ne s'aper-

---

[1]. Avec la création de l'autorisation administrative de licenciement (AAL) en 1975.

cevra que plus tard). Si la France de 1980 détruit des emplois, dit-il, c'est parce que les salaires ont continué d'augmenter alors que la productivité a ralenti et que la hausse du prix du pétrole a entamé les marges des entreprises.

Au niveau macroéconomique, Raymond Barre donne priorité à la stabilité et la compétitivité, avec notamment l'ancrage dans le système monétaire européen. Finie la relance, cap sur la désinflation et la réduction des déficits. En matière d'emploi, il s'agit de freiner les hausses de salaires et de rétablir ainsi les marges des entreprises. Après une nouvelle tentative de relance elle aussi avortée, en 1981, François Mitterrand et son ministre des Finances Jacques Delors reprendront cette orientation à partir de 1983.

Parallèlement, la politique de l'emploi sous Raymond Barre continue à accompagner les restructurations, notamment dans la sidérurgie et les chantiers navals. Elle cherche aussi à limiter la croissance de la population active, par une aide au retour pour les étrangers et par des préretraites pour les séniors. Enfin, elle vise à faciliter l'insertion des jeunes, par des aides à l'embauche associées à de la formation : Barre lance les premiers « pactes pour l'emploi des jeunes », auxquels succéderont bientôt les « travaux d'utilité collective » de Fabius, les « contrats emploi-solidarité » de Rocard, et les « emplois-jeunes » de Jospin. Les résultats sont dans l'ensemble décevants : les préretraites n'améliorent pas l'emploi, l'aide au retour a surtout des effets d'aubaine, les mesures pour l'emploi des jeunes dans le privé s'avèrent inefficaces et les mesures d'embauche dans le secteur public éloignent les jeunes du marché privé. Avec des variations dans le degré de volontarisme, et pas mal d'instabilité dans les dispositifs, jusqu'au début des années 1990 les politiques de l'emploi continuent, faute de mieux, à reposer sur l'idée que le chômage résulte d'une part de déséquilibres macroéconomiques, d'autre part des caractéristiques des individus (manque de formation, éloignement du marché du travail). Elles visent donc à corriger les premiers tout en cherchant à favoriser, par des dispositifs ciblés, l'insertion de certains publics comme les jeunes et les chômeurs de longue durée.

Au début des années 1990 l'idée émerge, notamment dans différents rapports du Commissariat général du Plan[1], que, si le coût du travail a dans l'ensemble cessé d'être un frein à l'emploi, le niveau du Smic demeure un obstacle à l'embauche des moins qualifiés. En raison d'un salaire minimum relativement élevé, les entreprises réduisent en masse les effectifs de vendeurs, de serveurs ou de pompistes, laissant sans emploi un grand nombre d'actifs sans qualification professionnelle très affirmée. Une étude de Thomas Piketty viendra bientôt confirmer que

---

1. Voir notamment Jean-Michel Charpin, « L'économie française en perspective », *Rapport du groupe « Perspectives économiques » du XIe Plan*, La Documentation française, 1993, et Edmond Malinvaud, « Les cotisations sociales à la charge des employeurs : analyse économique », *Rapport du Conseil d'analyse économique*, La Documentation française, 1998.

c'est sur ces emplois de service à faible qualification que se joue l'essentiel de la différence entre les marchés du travail français et américain[1].

Parallèlement, le regard des économistes sur l'emploi a commencé à changer avec la diffusion de nouvelles théories du marché du travail, autour notamment du *Journal of Labour Economics*. Ces théories cessent de traiter l'emploi comme un tout et mettent l'accent sur les microstructures de la relation entre employeurs et salariés. De nouveaux modèles, aux noms plus abscons les uns que les autres, font leur apparition. Les économistes parlent, comme en langage codé, de *matching*, de modèles *insider/outsider*, de salaire d'efficience, d'efficacité de la négociation collective, ou encore d'hystérèse[2].

Ces approches, qui reposent sur une représentation beaucoup plus fine des créations et des destructions d'emploi, conduisent à mettre en avant de nouveaux facteurs de chômage : l'hétérogénéité des travailleurs,

---

1. « Les créations d'emplois en France et aux États-Unis : "services de proximité" contre "petits boulots" ? », note de la Fondation Saint-Simon n° 93, décembre 1997.

2. Assar Lindbeck et Dennis J. Snower, « The Insider-Outsider Theory of Employment and Unemployment », Cambridge, Mass., MIT Press, 1989, Janet Yellen, "Efficiency Wage Models of Unemployment", *The American Economic Review*, vol. 74(2) 1984, Dale T. Mortensen and Christopher A. Pissarides, « Job Creation and Job Destruction in the Theory of Unemployment », *The Review of Economic Studies,* vol. 61(3) 1994 ; Olivier J. Blanchard and Lawrence H. Summers, « Hysteresis and the European Unemployment Problem », *Macroeconomics Annual*, NBER, 1986.

les freins à la mobilité professionnelle, les divergences d'intérêt entre salariés à statut et nouveaux entrants sur le marché du travail, l'imperfection de l'information des employeurs, l'organisation de la négociation collective, qui peut être plus ou moins favorable à l'emploi, les « coûts de séparation » induits par la législation sociale, les allocations chômage qui augmentent le salaire de réserve des demandeurs d'emploi, voire... le chômage lui-même, qui décourage et déqualifie les travailleurs. Différents les uns des autres par le diagnostic sur lequel ils reposent et les prescriptions auxquels ils conduisent, ils ont en commun d'inviter à une analyse beaucoup plus acérée du marché du travail.

Munis de ces nouvelles analyses, les gouvernements français et parfois aussi les partenaires sociaux, qui gèrent l'assurance-chômage, vont infléchir les politiques de l'emploi : en concentrant les efforts sur les emplois à faible qualification ; en cherchant à modifier les comportements individuels des demandeurs d'emploi et des employeurs, afin de favoriser le processus d'appariement entre offre et demande d'emploi et d'accroître les flux de création d'emplois ; et en décentralisant la négociation collective.

À partir du début des années 1990, la baisse du coût du travail au voisinage du Smic devient un pilier de la politique de l'emploi. Mais, à l'exception d'une tentative avortée de minimum jeunesse (le contrat d'insertion professionnelle d'Édouard Balladur), pas question de toucher au Smic : la baisse du coût du travail est obtenue par une réduction des cotisations sociales employeurs sur les bas salaires. Esquissés par Martine Aubry en 1992, engagés par Balladur, maintenus par Jospin, amplifiés par Fillon et étendus par Hollande, les allégements sur les bas salaires sont depuis plus de vingt ans une constante de la politique de l'emploi. Si les barèmes ont beaucoup varié, si des débats demeurent sur le meilleur ciblage de ces dispositifs, et si les « coups de pouce » au Smic (qui augmentent le coût du travail que les mesures d'allégement visent à réduire) ou les hausses de certaines cotisations (retraites complémentaire, chômage) n'ont pas disparu, force est de constater que les gouvernements successifs ont fait preuve d'une grande cohérence dans la poursuite de cette orientation. Plus de 20 milliards d'euros y sont consacrés en 2016, auxquels il faut ajouter le crédit d'impôt pour la compétitivité et l'emploi (CICE), ce qui conduit à plus de 40 milliards.

Du côté de l'incitation à l'activité, les années 1990 sont également marquées par une réorientation. Après avoir, vingt ans durant, encouragé les préretraites, le retour des immigrés dans leur pays d'origine ou même l'inactivité féminine, les gouvernements se convainquent petit à petit que ces remèdes sont pires que le mal. Même s'ils peuvent temporairement masquer une situation de l'emploi dégradée, ils privent en effet l'économie d'actifs et coûtent aux finances publiques. Quant à l'idée que ceux qui se retirent du marché du travail font place aux jeunes, elle se révèle illusoire. À partir de la fin des années 1990 ce sont des mesures d'incitation à l'activité – prime pour l'emploi (PPE), revenu de solidarité active (RSA), prime d'activité – qui sont mises en place, avec une assez grande continuité au fil des gouvernements. Elles visent à concilier le soutien au revenu des plus pauvres et la nécessité que le travail rapporte davantage que l'inactivité.

Un troisième domaine où prévaut une certaine continuité est la structure de la négociation collective. Depuis que les lois Auroux de 1982 ont instauré l'obligation annuelle de négocier dans chaque entreprise, droite et gauche, en concertation avec les partenaires sociaux, ont mis l'accent sur la décentralisation de la régulation sociale et cherché à promouvoir l'entreprise comme lieu de négociation. Alors qu'antérieurement un accord d'entreprise ne pouvait qu'être plus favorable aux salariés que l'accord de branche, Martine Aubry en 2000, à l'occasion des 35 heures, puis François Fillon en 2004, Xavier Bertrand en 2008, et enfin en 2016, avec la loi Travail, Myriam El Khomri étendent le champ de la négociation d'entreprise et son autonomie par rapport aux accords de branche, écornant de plus en plus le principe de faveur.

Dans d'autres domaines en revanche les orientations ont beaucoup varié au fil des gouvernements. C'est le cas d'abord de la protection de l'emploi, sur laquelle les politiques menées sont hésitantes et la construction d'un consensus difficile. Diverses réformes ont ainsi cherché à réduire le coût, direct ou indirect, des licenciements : suppression de l'autorisation administrative de licenciement (AAL) en 1986, création de la rupture conventionnelle en

2008, accords défensifs de maintien dans l'emploi et agrément des plans sociaux d'entreprise en 2014, qui rappelle étrangement l'AAL, modification de la définition du licenciement économique en 2016. Mais si ces initiatives vont dans le même sens, plusieurs tentatives de réforme, comme le contrat nouvelle embauche de Villepin et son prolongement, le contrat première embauche, qui étendaient jusqu'à deux ans la période d'essai, ou plus récemment le plafonnement des indemnités prud'homales en cas de licenciement sans cause réelle et sérieuse, ont fait long feu devant les oppositions et manifestations. Côté revirements, la législation des contrats à durée déterminée a été successivement assouplie (en général par la droite) et durcie (plutôt par la gauche).

Allers-retours et tergiversations ont été encore plus importants sur la question du temps de travail et du temps partiel. Relativement consensuelle au départ – la loi Robien de 1996, qui visait à la favoriser, a été votée par un Parlement de droite –, la réduction de la durée du travail est devenue un marqueur de gauche à partir des 35 heures de Lionel Jospin. La loi Aubry de janvier 2000 généralise la baisse du temps de travail tout en étendant les possibilités de modulation négociée. Violemment contestées par le patronat, qui y voit à la fois une cause de rigidité et un facteur de désinvestissement dans le travail, les 35 heures deviennent rapidement une nouvelle norme sociale, plébiscitée par les couches moyennes urbaines et le salariat féminin. Entre 2002 et 2012, et même depuis 2012, les gouvernements ultérieurs n'ont de cesse d'assouplir ses conditions de mise en œuvre, sans toutefois revenir sur la durée légale. L'enjeu se porte sur le régime des heures supplémentaires, qui fait l'objet d'inflexions successives : Nicolas Sarkozy les détaxe en 2007 au nom du « travailler plus pour gagner plus », François Hollande supprime la mesure en 2012, et la loi Travail de 2016 donne à l'accord d'entreprise la possibilité de fixer le taux de majoration des heures supplémentaires, élargissant ainsi les possibilités déjà offertes depuis 2004, sans toutefois modifier le minimum fixé par la loi.

Les gouvernements n'ont donc pas été inactifs. Le Parlement a voté une multitude de lois en faveur de l'emploi (en moyenne une par trimestre depuis 2002, soit plus d'une cinquantaine au total, selon le comptage de Bruno Coquet)[1]. Alors pourquoi une telle persistance du chômage ? Pourquoi un tel sentiment de naviguer dans le brouillard ? Pourquoi une telle impuissance, malgré tant de volontarisme affiché, et une dépense pour l'emploi qui, tout compris, s'élève à plus de 100 milliards, soit une proportion du revenu national (cinq points de PIB) plus élevée que dans bien des pays ? Ignorance, préférence implicite pour le chômage, désaccords, complexité, incapacité à faire la preuve par l'action, méthode ? Où est l'erreur ?

---

1. Voir Bruno Coquet, « Marché du travail : redonner du sens aux réformes et aux politiques », contribution aux débats 2017-2027, www.francestrategie1727.fr, septembre 2016.

La première explication qui vient à l'esprit est que personne ne sait vraiment ce qu'il faut faire. *On a tout essayé* : la formule de Mitterrand résume parfaitement un sentiment d'impuissance encore très répandu. Si elle vaut probablement en partie pour la période 1974-1990, où l'analyse économique fournissait peu de clés aux décideurs et où la plupart des pays peinaient à réduire le chômage, l'explication par l'ignorance n'est cependant aujourd'hui guère convaincante. Les responsables publics disposent d'un appareillage analytique fourni, et, surtout, ils ont sous les yeux de multiples exemples de réussite. On ne compte plus les articles, livres et tribunes décrivant les « réformes qui marchent »[1]. Sans parler des nombreuses notes et des rapports produits par les services des ministères et qui emplissent les armoires des administrations. On ne sait pas tout bien sûr, mais on en sait beaucoup plus qu'il y a vingt-cinq ans.

Quelques exemples : on sait que les variations de l'emploi ou du chômage ne sont que la partie immergée de l'iceberg : en France, chaque jour ouvré, des milliers d'emplois (entre 5 000 et 10 000 selon les estimations) sont détruits et des milliers d'emplois

---

1. Pour n'en citer que quelques-uns parmi les plus récents : Pierre Cahuc et André Zylberberg, *Les Ennemis de l'emploi : le chômage, fatalité ou nécessité* (Champs actuel, 2015), Jean Tirole, « Vaincre le chômage », chapitre 9 de *L'Économie du bien commun* (Seuil, 2016), Bertrand Martinot, *Pour en finir avec le chômage, ce qui marche, ce qui ne marche pas* (Pluriel, 2015), Philippe Aghion, Gilbert Cette et Élie Cohen, *Changer de modèle* (Odile Jacob, 2014).

sont créés. Il est donc illusoire de vouloir réduire le chômage en limitant les destructions d'emploi. On sait que, compte tenu du niveau relativement élevé du Smic en France, le coût du travail est un obstacle à l'emploi des moins qualifiés. Les mesures qui le réduisent, comme les allégements de cotisations sociales employeurs sur les bas salaires, créent donc des emplois, même si cela a un coût élevé pour les finances publiques. On sait enfin que réduire la population active (par des préretraites, l'encouragement au retour des femmes au foyer, la limitation de l'immigration) peut limiter le chômage à court terme, mais détruit des emplois à long terme. Les politiques en ce sens sont donc contre-productives.

Une variante de la réponse par l'ignorance est que les experts savent mais font face à l'aveuglement des décideurs. Pourtant, les responsables ne manquent pas d'occasions de dialogue avec les économistes et il est difficile de croire que des décideurs politiques négligent systématiquement les recommandations des experts sur le sujet même sur lequel ils jouent bien souvent leur avenir politique. D'ailleurs, l'examen des politiques qui ont été menées depuis quarante ans montre que les gouvernements successifs ont bien cherché à mettre en œuvre des solutions proposées par l'analyse économique, que ce soit par exemple en baissant le coût du travail au niveau du Smic, en renforçant les incitations financières au retour à l'emploi ou en abandonnant les préretraites.

Deuxième explication : le chômage résulterait d'un *choix collectif implicite*. Nos institutions économiques et sociales, telles qu'elles ont été façonnées par une myriade de petits et de grands choix, induiraient un niveau de chômage élevé. Entre les faire évoluer dans un sens plus favorable à l'emploi ou les conserver au prix du chômage, nous opterions régulièrement, sans en être conscients, pour la seconde solution. Il y aurait, pour reprendre le titre d'un fameux pamphlet de Denis Olivennes, une préférence française pour le chômage[1].

Bien des exemples peuvent être mobilisés à l'appui de cette thèse. Les obstacles à la concurrence sur le marché des services en fournissent un certain nombre : pourquoi faut-il obligatoirement un CAP pour repeindre des volets ? Pourquoi un professionnel qui propose des services à domicile doit-il obligatoirement disposer d'un local professionnel par définition jamais utilisé[2] ? Issues de la loi Raffarin de 1996, ces réglementations nuisibles à l'emploi s'expliquent évidemment par la volonté de restreindre la concurrence, et en 2015 les débats sur la loi Macron ont encore illustré la puissance des professions protégées. Plus largement, notre marché du travail reste caractérisé par une certaine dualité entre les salariés permanents notamment dans les plus grandes entreprises – les *insiders* – et les travailleurs employés sur contrats atypiques – les *outsiders*. Ces derniers ont davantage

---

1. Denis Olivennes, « La préférence française pour le chômage », note de la Fondation Saint-Simon, février 1994.
2. Voir le rapport de Catherine Barbaroux, *Lever les freins à l'entreprenariat individuel*, décembre 2015.

intérêt au développement de l'emploi mais pèsent moins dans la négociation sociale, que ce soit dans les entreprises, dans les branches ou au niveau national. Ces restrictions à l'activité professionnelle, cette dualité traduisent bel et bien des arbitrages défavorables à l'emploi. Entre l'emploi et le salaire, l'emploi et la sécurité du contrat, l'emploi et le repos du dimanche, l'emploi et les freins à la concurrence, nous choisissons souvent contre l'emploi. Parfois nous faisons la part belle à des intérêts sectoriels, parfois nous nous conformons à une préférence plus large qu'exprime la collectivité, par exemple sur la sécurité de l'emploi, les inégalités ou l'usage du temps. Sans toujours bien mesurer les effets de ces choix sur l'emploi et le chômage.

L'explication est cependant un peu courte : les dommages économiques, sociaux et civils d'un chômage endémique sont tels que l'idée d'un choix implicite en sa faveur défie la logique sociale et politique. Si les termes du choix collectif leur étaient proposés, les citoyens ne feraient pas délibérément le choix du chômage. Qu'on nous comprenne bien : certains, bien entendu, défendent leur intérêt personnel ou corporatif et il ne faut pas minimiser les effets de tels calculs. Les perdants potentiels aux réformes s'affairent pour entraver le changement. Mais ni le calcul des intérêts particuliers ni l'existence d'arbitrages entre l'emploi et d'autres objectifs sociaux ne permettent de dire que la société française a fait consciemment le choix du chômage. Preuve en est que les bénéficiaires potentiels d'une politique favorable à l'emploi ne se mobilisent pas non plus en sa faveur, et même souvent s'élèvent contre elle : les jeunes n'ont pas soutenu le projet de loi Travail porté début 2016 par Myriam El Khomri, alors que celui-ci visait à étendre leurs possibilités d'accès à l'emploi, même si leur mobilisation n'a pas été aussi forte que contre le contrat première embauche de Villepin ou le Smic-jeunes de Balladur qui les concernaient plus directement.

Pour expliquer notre étrange défaite dans la lutte contre le chômage, il faut également prendre en compte une autre dimension du problème : l'ampleur des *désaccords* sur les causes du chômage. C'est la troisième explication possible.

L'idée est simple : si on sait beaucoup plus qu'il y a trente ans, cela ne suffit pas à réunir un consensus sur le diagnostic et les bonnes solutions. Pour Philippe Aghion, Gilbert Cette et Élie Cohen[1], par exemple, il n'y a « de consensus ni sur le diagnostic, ni sur les solutions désirables, ni sur les outils mobilisables ». Il faut donc changer les mentalités et les modes de pensées, « changer de modèle ».

Les débats houleux autour de la loi Travail plaident pour cette explication. Douze journées d'action et de manifestation, un clivage marqué entre organisations syndicales, une pétition citoyenne, une opposition significative au sein de la majorité parlementaire, une grande violence verbale et une série de violences physiques, avec en toile de fond deux représenta-

---

1. Voir Aghion *et al.*, *op. cit.*

tions antagoniques du fonctionnement du marché du travail : la France, six mois durant, a fait étalage de ses divisions.

Parmi les économistes, deux tribunes se sont succédé à quelques jours d'intervalle, l'une pour le projet de loi, l'autre contre. Des juristes, des sociologues ont fait valoir des points de vue divergents. Bref, la réforme a fait face à des oppositions farouches. Comme si la France rejouait tous les dix ans le même match, comme si on ne pouvait réformer le marché du travail sans provoquer la fureur.

Mais sur quoi exactement les uns et les autres ne sont-ils pas d'accord ? On conçoit que CGT et Medef n'aient ni les mêmes intérêts à défendre ni la même représentation du fonctionnement du marché du travail. Mais prenons les deux tribunes d'économistes publiées à quelques jours d'intervalle dans *Le Monde* : « Le projet de loi El Khomri représente une avancée pour les plus fragiles » et « La "loi travail" ne réduira pas le chômage ». Leurs signataires partagent les mêmes modèles, s'appuient sur les mêmes données, utilisent les mêmes méthodes, et certains ont cosigné des articles de recherche. Pourquoi s'opposent-ils ?

Un premier désaccord porte sur l'origine du chômage actuel. Les opposants à la loi soulignent (à juste titre) que sa hausse, « relativement en tout cas à 2007 », est d'abord liée aux politiques macroéconomiques conduites en Europe. Le partage entre chômage structurel et chômage conjoncturel fait donc débat. Mais il n'est pas sûr que le clivage sur ce point soit bien profond : les signataires de la première pétition reconnaissent l'existence d'un déficit de demande, la plupart des seconds ne nient pas que la France ait aussi un problème d'offre.

Le différend porte surtout sur les effets des protections associées au CDI. D'un côté, la législation actuelle induit, pour les salariés et les entreprises, de l'incertitude sur les conditions d'un éventuel licenciement (du fait de l'absence de définition précise des difficultés économiques pouvant justifier un licenciement et d'encadrement des indemnités prud'homales en cas de licenciement jugé injustifié). Dans un environnement risqué, cette incertitude a un coût pour les entreprises, qui les fait hésiter à recruter en CDI et explique qu'elles préfèrent avoir recours à des CDD, quitte à payer la prime de précarité de 10 % attachée aux CDD. De l'autre côté, les coûts de licenciements en CDI réduisent aussi la fréquence des ruptures de contrat, en particulier en période de ralentissement économique, mais ce qui est souligné, c'est que l'effet net sur le chômage est ambigu. Tous s'accordent à reconnaître que le recours à des CDD très courts a des effets pervers. Tous sont partisans de l'introduction d'un bonus-malus qui modulerait les cotisations chômage des entreprises en fonction de leur comportement. Mais les uns considèrent que l'assouplissement des CDI va permettre de réduire la proportion de CDD, tandis que les autres doutent de cet effet et préconisent de ne pas toucher au CDI et de restreindre l'usage des CDD.

Entre les deux groupes il y a donc une large entente sur l'objectif, sur le caractère imparfait de nos régulations, sur la nature des solutions, même – sauf que l'un préconise une réponse incitative (la « carotte » de l'assouplissement des CDI) et l'autre une réponse punitive (le « bâton » de la taxation des CDD). La controverse s'affirme et se met en scène sur un point dont tous reconnaissent qu'il est difficile à trancher empiriquement. Au terme d'un cheminement commun, ce sont les convictions qui parlent. Chacun peut camper sur ses positions.

Si des économistes ne parviennent pas à s'accorder entre eux sur les réformes nécessaires du marché du travail, on imagine ce qu'il peut en être pour l'ensemble de la communauté des experts. Les débats entre économistes, juristes, sociologues et praticiens redoublent ces désaccords. Les objections à l'assouplissement du contrat de travail en sont démultipliées, parce que chacun a une représentation différente de la réalité. La difficulté du licenciement en CDI est contestée par certains, pour qui la rupture conventionnelle permet depuis 2008 de le contourner. L'usage excessif des CDD est attribué soit au processus d'insertion par tâtonnements des jeunes, y compris qualifiés, soit au manque de qualifications, qui appelle des efforts de formation. Limiter le rôle du juge, en précisant le motif du licenciement économique et en réduisant son champ d'application, ou en plafonnant les indemnités prud'homales, revient pour des juristes à méconnaître la raison d'être de la législation du travail. Celle-ci vise en effet à assurer la protection du salarié, contrepartie nécessaire d'une situation de subordination que les économistes peinent à intégrer dans leurs raisonnements.

Ces désaccords ne résultent pas principalement d'intérêts divergents. Pour une part ils ont un caractère cognitif, et pour une part ils résultent de préférences sociales différentes. Ils portent ainsi à la fois sur la représentation du fonctionnement du marché du travail (la protection du CDI est-elle vraiment défavorable à l'emploi ?) et sur la valeur accordée à certaines dispositions (est-il important de préserver un CDI protecteur ou faut-il à tout prix chercher à augmenter l'emploi, au détriment de la sécurité ?). Bien sûr, la réponse à la seconde question est d'autant moins définitive que l'incertitude sur la première est forte et si la société française attachait peu de prix à la sécurité de l'emploi, l'erreur sur le fonctionnement du marché du travail serait moins grave et l'on pourrait tout bonnement réduire, à titre de test, la protection du CDI.

La persistance de tels désaccords est un facteur important d'inaction. D'une part, elle fissure le soutien aux réformes, divise les majorités, oblige à cliver ou à passer en force. D'autre part, le doute cognitif aiguise la peur de « lâcher la proie pour l'ombre » et renforce le camp de tous ceux qui plaident pour ne rien changer. Chaque incertitude, chaque hésitation du diagnostic, chaque arbitrage délicat offre l'occasion de tout bloquer. Or la complexité des mécanismes qui concourent au chômage offre de multiples possibilités de le faire. L'explication essentielle de notre difficulté à avancer sur la question de l'emploi est sans doute là : dans l'interaction perverse entre des désaccords cognitifs, des préférences collectives, et la défense d'intérêts particuliers.

Face au dilemme finalement assez similaire que lui posait Gordias, Alexandre trouva la solution : il trancha le nœud gordien. À défaut de réponse *a priori*, l'action permet de séparer les bonnes des mauvaises solutions. En 2002, c'est ce que fit à sa manière le chancelier Gerhard Schröder, en adoptant d'un bloc les préconisations de la commission Hartz. À tort ou à raison, ces réformes restent dans la mémoire des Allemands comme celles qui leur ont fait retrouver le plein-emploi.

En France, à l'inverse, il est difficile de citer une initiative sur l'emploi dont chacun s'accorde à reconnaître le succès. Même les politiques de réduction de cotisations sur les bas salaires ne font pas l'unanimité. C'est peut-être donc dans les difficultés du passage de la théorie à la pratique qu'il faut chercher l'erreur. Notre problème serait – quatrième explication – *une incapacité à faire la preuve que des solutions existent.*

La première difficulté vient ici du caractère général, voire théorique, des préconisations sur lesquelles se fonde la décision. Le diable est souvent dans les détails. Le passage d'un principe théorique à un dispositif législatif ou réglementaire suppose un grand nombre de choix, sur lesquels la théorie éclaire assez peu. Le revenu de solidarité active (RSA), mis en place en 2008 par Martin Hirsch, fournit une bonne illustration de ce processus. Sur le papier, pour des économistes, tout était simple : il s'agissait de s'assurer que les personnes qui reprennent un emploi y gagnent toujours financièrement, même si elles perdent certaines prestations sociales ou voient leurs impôts augmenter.

Pour des non-économistes, c'était déjà moins évident, car même sur le papier la notion de taux marginal d'imposition chère aux économistes est un peu barbare. Quand la décision est prise de créer le revenu de solidarité active et que Martin Hirsch et ses équipes s'attellent à la tâche, ils ne partent pas d'une feuille blanche : il y a le RMI et son dispositif d'intéressement, qui permet justement de cumuler un certain temps le RMI et des revenus d'activité, il y a aussi la prime pour l'emploi (PPE), un crédit d'impôt qui soutient le revenu des travailleurs pauvres ; les chômeurs perçoivent des allocations chômage, ou l'allocation de solidarité spécifique (ASS) pour les chômeurs en fin de droits, et les allocations logement complètent souvent les revenus des personnes concernées, sans oublier l'allocation pour les parents isolés (API). Idéalement, le RSA doit permettre de refondre et rationaliser tout cela.

Les simulations de différents barèmes sont lancées, les ordinateurs des différents ministères tournent... et les difficultés commencent. Comment prendre en compte les différences de coût du logement sur le territoire sans différencier l'aide selon la localisation ? Comment prendre en compte les coûts liés aux enfants ? Faut-il aider davantage les parents isolés ? Et les chômeurs en fin de droits ? Comment intégrer au RSA la PPE, dispositif fiscal qui prend en compte les revenus de l'année précédente ? Et, bien sûr, il faut aller vite, car il y a urgence. Les expérimentations qui avaient été lancées par Martin Hirsch en vue de tester l'efficacité du dispositif se trouvent rattrapées par sa généralisation précoce. S'ajoutent à ces difficultés les contraintes budgétaires et l'éternel dilemme qui consiste à chercher à limiter les perdants potentiels sans faire exploser la facture ni aboutir à une usine à gaz...

Au final, le RSA sera créé, mais il n'englobera ni les allocations logement, ni les allocations chômage, ni la PPE, ni même l'ASS... Une occasion ratée ? Ou un rappel que la complexité de la réalité sociale est parfois trop vite enjambée par la théorie ? Les difficultés actuelles de mise en œuvre du *Universal Credit* au Royaume-Uni suggèrent en tout cas que le problème n'est pas propre à la France. Les questions de transition sont trop peu éclairées par la théorie.

Quant à la mise en œuvre effective et à l'appropriation des dispositifs par leurs bénéficiaires, elles sont souvent négligées lors de leur conception. C'est ainsi que le taux de recours au RSA-activité se révélera après coup être très décevant : plus de deux bénéficiaires potentiels sur trois de ce seul complément ne le percevaient pas[1].

---

1. Pauline Domingo et Muriel Pucci, « Impact du non-recours sur l'efficacité du RSA "activité" seul », *Économie et Statistique*, n° 467-468, 2014.

La difficulté vient aussi de la répartition des rôles entre l'État, les partenaires sociaux, les collectivités locales, Pôle emploi... À quel niveau doivent être conçues et pilotées les politiques en faveur de l'emploi ? Quel est le rôle du dialogue social, au niveau national ou à celui des branches, et dans les entreprises ? Quel est le rôle des collectivités locales ? Quelle est la bonne échelle entre l'État, la région et le bassin d'emploi ? Comme le résume Bertrand Martinot à propos de la décentralisation de la formation professionnelle : « Bienvenue à Capharnaüm[1]. » Administrer la preuve fait dans ces conditions figure de mission impossible.

La troisième difficulté que rencontre la preuve par l'action est que les plans de bataille ne sont bien souvent mis en œuvre qu'en partie. Il en va souvent des réformes comme d'une médication par antibiotique (elles ne sont efficaces que si elles sont menées jusqu'au bout) ou d'un traitement combiné (il faut associer plusieurs médicaments pour obtenir un résultat). Des réformes partielles ne sont pas démonstratives, tout simplement parce que les conditions de l'efficacité ne sont pas réunies.

Dani Rodrik, de l'université Harvard, parle ainsi ironiquement de méthode de la « liste de courses » (*laundry list*) à propos des stratégies de réforme : les conseillers dressent la liste des actions à conduire, puis les politiques choisissent, en commençant généralement par les initiatives qui leur semblent les

---

1. Voir Martinot, *op. cit.*

plus faciles, et s'arrêtent quand leur crédit politique est épuisé, sans tenir suffisamment compte des interactions et interdépendances entre réformes. Résultat : ils obtiennent peu, et ne démontrent rien. Les marchés du travail sont des systèmes complexes, dont les différentes composantes sont indissociables, et qui ne peuvent être séparés de ce qui se passe dans le reste de l'économie. Le résultat sera décevant, voire contre-productif si l'action conduite ne s'inscrit pas dans une stratégie cohérente.

* *
*

L'inventaire n'est pas reluisant. Face au chômage, nous nous sommes trop souvent comportés de manière brouillonne et dispendieuse, et même si certaines initiatives ont fini par réunir un consensus parmi les gouvernants, ceux-ci n'ont, en quarante ans, jamais réussi à convaincre durablement leurs concitoyens de l'efficacité de telle ou telle orientation. Incertitude quant aux mesures les plus efficaces, différends entre intérêts opposés, désaccords sur le fonctionnement du marché du travail, divergences sur les préférences et donc sur la nature des remèdes, sous-estimation de la complexité du passage à la pratique, manque de méthode enfin se sont conjugués pour décrédibiliser la politique de l'emploi, à tel point que les jeunes Français ne sont plus qu'un quart à estimer qu'ils auront un bon emploi dans l'avenir[1]. S'il est devenu si difficile d'agir pour le plein-emploi, c'est que l'idée même de sa possibilité a perdu l'essentiel de sa crédibilité.

---

1. Voir Fondation pour l'innovation politique, *Les Jeunesses face à leur avenir : une enquête internationale*, 2008.

Deuxième partie
Diagnostic

Trois lieux, trois temps, trois acteurs : pour notre enquête, nous avons volontairement varié les perspectives. Cependant, ce parcours rétrospectif nous a sans cesse ramenés à quelques enjeux essentiels pour les politiques publiques. Nous avons souvent, d'un terrain à l'autre, identifié les mêmes obstacles et croisé les mêmes débats.

Dans chaque cas, nous avons cherché à identifier les défaillances de la décision et à comprendre leurs origines : non seulement qui s'est trompé mais, c'est plus important, pourquoi. À chaque fois, nous avons caractérisé les erreurs, nous avons retracé les enchaînements qui ont conduit à les commettre, et nous avons mis au jour leurs logiques.

Après ce travail d'enquête, place maintenant à l'instruction, à l'analyse des causes communes et à l'inventaire des difficultés que la politique économique affronte de manière récurrente et qu'elle échoue souvent à résoudre. Au fil des erreurs, nous en avons identifié quatre, qui font l'objet des chapitres de cette partie.

La première est l'incertitude. Très souvent, nous l'avons vu, l'erreur prend la figure du pari perdu. C'est le cas dans la faillite de Lehman, mais également dans le choix, par l'Europe, d'une stratégie d'ajustement budgétaire hasardeuse. Comment la décision traite-t-elle l'incertitude et le risque ? Pourquoi les dirigeants politiques prennent-ils tant de paris, et les perdent-ils souvent ? Pourquoi se trompent-ils sur les conséquences de leurs propres actions ? C'est à cet ensemble de questions qu'est consacré le chapitre 4.

Le deuxième problème est la gestion des temps. Agir, pour un responsable, c'est faire concorder des temps qui ne coïncident pas : celui de l'économie et celui de la politique, celui des marchés et ceux des sociétés, celui des priorités d'aujourd'hui et celui des défis de demain. Les échecs naissent souvent d'un ordonnancement défaillant de la séquence des actions. Dans le chapitre 5, nous recensons ces ratés, en nous plaçant successivement sur trois échelles temporelles : dans l'instant des perceptions et des réactions, à l'horizon des conséquences mesurables et, enfin, dans le temps long des mutations sociales ou écologiques.

La complexité est la troisième dimension commune que nous identifions, et nous lui consacrons le chapitre 6. Nous en avons rencontré la figure en étudiant les échecs de la lutte contre le chômage, mais aussi en analysant les ramifications de la faillite de Lehman. Nous identifions plusieurs types de complexité et montrons pourquoi les stratégies usuelles que la politique économique met en œuvre pour les affronter débouchent aisément sur des décisions erronées.

Le chapitre 7 est enfin consacré aux désaccords. En matière de politique européenne, ou s'agissant de la lutte contre le chômage, nous avons vu combien ils pouvaient être nombreux et handicapants. En analysant successivement l'affrontement des intérêts, la discordance des représentations et les divergences de préférences, nous nous attachons à déterminer quand les désaccords sont fructueux et quand ils paralysent la décision.

Chapitre 4

Les paris perdus

« Comme tous les hommes de Babylone j'ai été proconsul ; comme eux tous, esclave. J'ai connu comme eux tous l'omnipotence, l'opprobre, les prisons. » Ces premières lignes de « La loterie à Babylone », une nouvelle de Borges, évoquent ce que beaucoup de dirigeants ressentent face aux aléas de la conduite des affaires publiques : le sentiment d'être ballottés par le hasard, de devoir succès et échecs à la chance au moins autant qu'à leur propre action.

Décider dans un contexte d'incertitude, c'est toujours prendre un pari. Pari sur des circonstances qui peuvent changer, comme celui de François Hollande confiant dans le fait que la reprise de la croissance permettra l'inversion de la courbe du chômage ; pari sur les effets de politiques qu'on ne connaît qu'imparfaitement, comme celui de ministres européens pensant que la consolidation budgétaire ne pèsera pas sur la croissance ; pari, encore, de l'administration américaine, sur le risque d'accidents financiers majeurs, sur sa propre capacité à les enrayer et, finalement, sur l'ampleur potentielle de la crise financière en gestation. De toutes les figures de l'erreur, celle du pari perdu est ainsi la plus familière.

Faute de boule de cristal, pourtant, il faut bien parier. Le problème, pour la politique économique, est précisément de savoir quels paris prendre et lesquels éviter, en sorte de ne pas être trop souvent pris à contre-pied. Or les responsables font preuve d'une forte propension à s'engager dans des paris hasardeux, et plus largement les décisions publiques témoignent d'une certaine inaptitude à prendre en charge l'incertitude. La mauvaise gestion des aléas est ainsi une des dimensions communes de l'erreur de politique économique.

Examinons-en trois grandes figures : l'erreur de prévision, la mauvaise anticipation de l'impact d'une décision et la prise en compte défaillante du risque.

Les pronostics douteux

Premier cas, *l'erreur de prévision*. Pour décider, pour agir, il faut une vision de l'avenir : ce qu'il sera si rien n'est fait, et ce qu'on voudrait qu'il soit. Un capitaine ne s'engage pas en mer sans fixer sa destination et sans s'enquérir du temps qui l'attend. Or les prévisions économiques sont aussi incertaines que celles de la météorologie. Qui plus est, comme nous le verrons, les dirigeants ne disposent pas vraiment d'un gouvernail qui permette de conduire le navire à bon port. Ils ne contrôlent bien souvent que les moyens mis en œuvre, pas les résultats. Ils peuvent décider de la réglementation et de la fiscalité du travail, mais pas du chômage ; de la dépense publique, mais pas du déficit ; ou d'un ensemble de facteurs jouant sur l'activité, mais pas de la croissance.

Il peut sembler paradoxal dans ces conditions que les gouvernants indexent leur fortune politique sur des objectifs qu'ils ne contrôlent pas vraiment. Quand Shinzo Abe, le Premier ministre japonais, a promis à son arrivée au pouvoir que l'inflation serait, deux ans plus tard, de 2 %, il s'est exposé au risque de devoir constater, après bientôt quatre ans, qu'elle n'est que de 0,4 %. Pourquoi tant de gouvernants s'engagent-ils sur la destination et la durée d'un voyage sans savoir d'où le vent va souffler ?

À la vérité, ils n'ont pas le choix. Gouverner, c'est prévoir, disait Émile de Girardin. Dans tous les pays, le projet de loi de finances est construit chaque année sur la base d'une prévision économique. Certes, des scénarios alternatifs sont également construits, pour illustrer les effets d'un prix du pétrole plus élevé ou d'une évolution différente du taux de change. Les prévisions sont de plus en plus entourées d'intervalles de confiance, sous la forme de *fan charts*, graphiques en éventail illustrant l'incertitude autour de la prévision, qui augmente quand l'horizon s'éloigne. Mais il faut bien, pour bâtir le budget, un scénario central, sur lequel s'engage le gouvernement – et que l'opposition prend pour cible.

L'Union européenne s'est essayée, depuis quelques années, à fixer les objectifs de solde public en termes structurels, c'est-à-dire en corrigeant le déficit des effets de la conjoncture. L'idée, excellente, était précisément de distinguer la composante du solde qui résulte de décisions (de dépense ou de recette) de celle qui n'est que l'effet des fluctuations économiques. Il est absurde, en effet, d'épingler tel pays dont le déficit se creuse parce qu'un ralentissement économique a réduit les recettes publiques, et d'absoudre tel autre dont le laxisme budgétaire est masqué par des rentrées fiscales particulièrement élevées en haut de cycle. Quelques années après cette innovation bien intentionnée, cependant, personne ne s'y retrouve plus dans les multiples hypothèses nécessaires au calcul du déficit structurel et dans les révisions incessantes dont il est l'objet. Il en va de même du chômage structurel, dont l'objet est analogue et la détermination tout aussi imprécise.

Gouverner, c'est aussi fixer un cap. Si les dirigeants s'engagent sur des objectifs de nature déterministe en semblant oublier que le contexte économique est fondamentalement aléatoire, c'est avant tout parce que les électeurs attendent des résultats, pas des probabilités de résultats. La réalité vécue est toujours déterministe. Les citoyens s'intéressent au chômage, pas au chômage structurel, ils se soucient de la croissance, pas de la croissance potentielle. Il est ainsi naturel que les politiques s'engagent, vaille que vaille, sur le chômage et sur la croissance.

Qui plus est, pour un citoyen, comment apprécier l'action et la valeur de ses dirigeants, si ce n'est sur leurs résultats ? Il n'observe pas toujours les moyens mis en œuvre, ni leurs effets propres. Sur quoi juger ?

Les variables de résultat – l'emploi, la croissance, l'inflation, le déficit – sont, quoi qu'on en dise, très peu manipulables. Elles fournissent des indicateurs directement observables, alors que la vraie mesure de la performance d'un gouvernement ne l'est pas : seuls les chercheurs peuvent véritablement mesurer, et encore avec retard et imprécision, l'écart entre la situation présente et ce qu'elle aurait été si le gouvernement n'avait pas agi. De façon analogue, faute de mieux, les parents jugent les enseignants sur les résultats qu'obtiennent leurs élèves, et les actionnaires évaluent les PDG sur les performances des entreprises. C'est souvent inexact et injuste, mais c'est ainsi.

Il faut enfin reconnaître que l'erreur est d'autant plus fréquente que la frontière est parfois floue entre objectifs et prévisions. Pour un gouvernement, l'affichage de pronostics optimistes est souvent une manière d'affirmer sa propre confiance en la politique qu'il conduit, une manière de susciter, chez les entreprises et les ménages, des anticipations favorables qui contribueront à son succès, ou, parfois, un prétexte commode pour renvoyer à plus tard des décisions difficiles. Les prévisions sont ainsi entachées d'un biais d'optimisme auquel nombre de dirigeants ont du mal à résister – pour de bonnes ou de moins bonnes raisons.

Les calculs hasardeux

Si l'erreur de prévision est souvent attribuable à des facteurs externes, ce n'est pas le cas de la deuxième figure des paris perdus, *l'anticipation erronée de l'impact d'une décision*. En ce domaine, la première cause d'erreur, en politique économique comme en médecine, est l'inadéquation du diagnostic. Les débuts de mandats présidentiels ont souvent été marqués par des révisions brutales, comme celle de Jacques Chirac qui, élu en 1995 sur un programme anti-austérité, s'est ravisé au bout de quelques mois pour se rallier à l'orthodoxie, ou celle de François Hollande, qui s'est converti à la politique de l'offre à la suite du rapport Gallois de novembre 2012. L'erreur est souvent attribuable aux conditions dans lesquelles sont préparés les programmes de gouvernement. Les candidats n'investissent guère dans la construction d'un diagnostic économique élaboré. Leurs programmes s'appuient fréquemment sur des prévisions optimistes qui permettent de concilier artificiellement promesses de dépenses nouvelles ou de baisse des impôts d'une part, engagements de responsabilité budgétaire d'autre part. Après l'élection, le nouvel élu a peu de temps pour affiner son analyse et se préparer à l'exercice des responsabilités. Alors qu'aux États-Unis près de trois mois s'écoulent entre l'élection et la prise de fonctions du président, et qu'en Allemagne la négociation d'un accord de coalition peut durer des mois, en France un gouvernement est formé en moins d'une semaine – et, depuis le quinquennat, part immédiatement en campagne pour les législatives.

Les nouveaux dirigeants commencent donc souvent à gouverner sans avoir eu le temps d'arrêter un jugement bien informé sur la situation, ni même d'ailleurs sans s'être accordés entre eux sur une analyse commune. La révision vient plus tard, à l'épreuve du réel, ou à l'occasion d'un audit des finances publiques. Bien souvent, les éléments du constat étaient disponibles dès avant l'élection. Manquait cependant l'incitation à en tirer les conclusions, comme si le temps de la campagne électorale devait nécessairement être celui d'une rêverie collective, avant que sonne, quelques mois plus tard, l'heure du réveil.

Le problème que pose l'anticipation des effets d'une politique est cependant bien plus large. Pour en comprendre la nature, il faut repartir des outils mis à la disposition des décideurs et de la représentation de la réalité qu'ils fournissent.

Contrairement à une idée parfois véhiculée, aucune équation, aucun modèle économétrique ne donne une image exacte de la réalité. Ce sont des représentations dont la structure et les paramètres sont irréductiblement entachés d'incertitudes. Loin d'annoncer avec une précision millimétrique comment l'économie réagira à telle ou telle impulsion, ils reflètent au contraire l'étendue de notre ignorance.

Il existe en fait plusieurs types d'erreurs, qui n'ont pas les mêmes conséquences. Les erreurs aléatoires proviennent du fait que modèles et paramètres sont estimés sur un nombre limité d'observations. Plus ce nombre est grand, plus la représentation théorique de la réalité est exacte, et plus l'estimation a des chances d'être précise, mais le paramètre estimé reste entouré dans tous les cas d'un intervalle de confiance. Si, par exemple, le multiplicateur qui mesure l'impact d'une impulsion budgétaire est estimé à 1, cela peut signifier qu'il a 90 % de chances d'être compris entre 0,75 et 1,25. Cependant, si l'estimation est imprécise, le multiplicateur peut avoir 90 % de chances d'être compris entre 0 et 2, ce qui n'est pas la même chose.

Quand on estime la valeur d'un paramètre – par exemple, un multiplicateur budgétaire, ou l'élasticité de l'emploi à son coût – on peut se tromper de deux façons : en acceptant à tort le fait que sa valeur se situe dans un intervalle donné (erreur de type II), ou en rejetant à tort cette même hypothèse (erreur de type I). De même que le juge doit éviter de condamner à tort un innocent, mais aussi de disculper un coupable, les décisions appuyées sur des estimations économétriques doivent chercher à contrôler ces deux types d'erreurs. Se tromper sur la valeur d'un paramètre, c'est en effet potentiellement aggraver les maux que l'on veut soigner.

Les erreurs aléatoires ne sont pas les plus problématiques. Nous avons vu que l'impact de l'ajustement budgétaire européen de 2010-2012 sur l'activité économique avait été massivement et régulièrement sous-estimé. L'incertitude sur l'évaluation du multiplicateur budgétaire y a contribué, mais plus fondamentalement les paramètres utilisés étaient affectés d'un biais optimiste. Les erreurs de cette sorte sont plus pénalisantes, car elles conduisent à une vision distordue de la réalité et donc à des erreurs systématiques. Elles peuvent refléter des *a priori* théoriques erronés ou des convictions quant à l'importance de telle ou telle variable, et aussi – c'était en l'espèce le cas – l'oubli du fait que des paramètres peuvent varier dans le temps. Alan Auerbach et Yuriy Gorodnichenko, de Berkeley, ont montré qu'aux États-Unis, les multiplicateurs variaient entre 0 et 0,5 en période de boom économique, et entre 1 et 1,5 en période de récession[1]. Dans ces conditions, raisonner sur une estimation moyenne sans tenir compte de la situation dans laquelle se trouve l'économie conduit à surestimer l'impact de la politique budgétaire en situation d'expansion et à la sous-estimer en période de récession.

Il y a plus grave encore : les évaluations de l'effet d'une politique se fondent généralement sur l'idée que l'économie réagit aux impulsions à la façon d'un corps physique ou biologique, alors qu'elle y répond souvent à la manière d'un acteur doué de capacités stratégiques. Par exemple, si une baisse des impôts

---

1. Voir Alan Auerbach et Yuriy Gorodnichenko, "Measuring the Output Responses to Fiscal Policy", *American Economic Journal: Economic Policy*, vol. 4(2), p. 1-27, 2012.

menace d'aboutir à un déficit budgétaire trop élevé, les contribuables risquent fort d'anticiper de futures hausses d'impôts et d'épargner au lieu de consommer le revenu supplémentaire dont ils bénéficient. Leur doute peut résulter de ce que l'orientation à l'œuvre n'est pas économiquement soutenable, en raison des déséquilibres qu'elle suscite, ou qu'elle ne l'est pas politiquement, en raison par exemple de ses effets sociaux. Dans tous ces cas, les agents économiques anticiperont un retournement et ne réagiront pas comme prévu aux impulsions de la politique économique, et la relance budgétaire n'aura pas les effets escomptés sur la consommation et la croissance. Dans certaines circonstances particulières – rares – les multiplicateurs peuvent même être négatifs : une contraction budgétaire se traduit alors par une augmentation du PIB.

Les répercussions d'une décision dépassent ainsi ses effets directs par les indications qu'elle fournit sur les politiques futures. Lors de la crise de 2008, l'effet signal de la chute de Lehman a fortement contribué à la panique sur les marchés. La décision elle-même ne traduisait pas vraiment, on l'a vu, une politique nouvelle de *no bailout*. Mais, d'une part, elle a été vendue et perçue comme telle, au moins initialement, d'autre part, elle a créé un précédent en ce sens. Ce changement de pied a eu des effets considérables sur les anticipations. Une telle décision supposait de répondre très vite aux changements de comportements qui allaient en résulter. De ce point de vue, on peut se demander si l'accent mis sur l'aléa moral dans la communication initiale du Trésor américain était bien adapté. Quel message le gouvernement souhaitait-il envoyer aux acteurs financiers ?

Ces dimensions sont exacerbées lorsque la politique économique se confronte à la spéculation. Comme cela s'est encore une fois manifesté au cours de la crise de la zone euro, les acteurs du marché financier jaugent les décideurs, décryptent leurs messages et supputent leurs intentions. Dans ces conditions, l'idée même de stabilité des paramètres est dénuée de sens.

C'est ce qu'ont bien compris les banques centrales. Le pilotage des anticipations des acteurs du marché est au cœur de leur stratégie. Elles sont passées maîtres dans l'art de la communication, et y déploient une sophistication sans égale : elles savent annoncer leur comportement à venir tout en se réservant une capacité de réaction, ou bien laisser deviner leurs réactions aux événements sans complètement se lier les mains. Leurs comptes rendus et déclarations sont ainsi épluchés par les analystes financiers, qui en soupèsent chaque mot.

Incertitude sur les paramètres, risques de biais systématiques, anticipations et réactions des acteurs économiques : comment la politique économique prend-elle ces dimensions en compte ? Assez mal en réalité. Les décideurs sont demandeurs de certitudes, pas de doutes. Il est à peu près sans espoir d'expliquer à un ministre que tel paramètre vaut entre 0,75 et 1,25 (et encore plus qu'il y a une chance sur dix que la vraie valeur se situe en dehors de cet intervalle).

Il ne sait que faire de cette information qui ne répond pas à son attente et va prendre le pari que la vraie valeur est 1,0 ou bien, si cela correspond à ses *a priori*, qu'elle est de 0,75 ou de 1,25. Dans un cas comme dans l'autre, l'incertitude est évacuée.

Il est tout aussi difficile pour un politique de changer de modèle, quand bien même la réalité le justifie pleinement. Keynes, dit-on, aurait un jour répliqué à un critique que, quand les faits changent, il change d'opinion (« *When the facts change, I change my mind. What do you do, Sir*[1] ? »). À l'instar de François Hollande, qui se voit régulièrement reprocher d'avoir mis l'accent sur la compétitivité et la capacité d'offre au lieu de la demande, un politique qui fait preuve de pragmatisme est rapidement accusé de trahir ses convictions, parce que les idées économiques sont facilement regardées comme des marqueurs doctrinaux. Quant à piloter les anticipations, beaucoup s'y essayent mais peu y parviennent.

Cette difficulté à prendre en compte l'incertitude n'est pas spécifique aux gouvernants. Dans son analyse des décisions absurdes, Christian Morel souligne ainsi la difficulté que nous éprouvons tous à raisonner de façon probabiliste. La décision catastrophique de lancement de la navette Challenger, en 1986, fut ainsi le fruit de la sous-estimation par les ingénieurs de la NASA des événements climatiques extrêmes, combinée à une appréciation complètement erronée

---

1. La citation est selon certains apocryphe, mais elle est passée à la postérité par l'intermédiaire de Paul Samuelson.

du risque d'explosion par les managers[1]. La même structure et les mêmes biais se retrouvent dans bien des initiatives de politique économique.

LES RISQUES INCONSIDÉRÉS

La troisième cause d'erreur tient enfin à une *gestion défaillante du risque*. L'administration de George W. Bush restera dans l'histoire pour n'avoir pas su prévenir les attentats du 11 septembre 2001, pour avoir ensuite engagé les États-Unis dans une intervention extérieure désastreuse, pour s'être montrée incapable de faire face aux dévastations causées par l'ouragan Katrina et, enfin, pour n'avoir pas su empêcher que la crise des crédits immobiliers *subprime* dégénère en catastrophe financière mondiale : à chaque fois, elle s'est empêtrée dans la gestion du risque.

L'un des premiers devoirs des responsables publics est pourtant de faire face aux aléas et d'en protéger les citoyens. En théorie, l'État doit ainsi être à la fois le garant de la prévention des risques et l'assureur ultime. Mais la pratique est souvent assez peu rationnelle. Christian Gollier, de l'université de Toulouse, en donne un exemple frappant : entre

---

1. La navette Challenger explosa peu après son lancement parce qu'un joint du propulseur cessait d'être étanche à basse température. Ce défaut était connu, mais la décision de lancement fut prise en dépit du risque. Voir Christian Morel, *Les Décisions absurdes*, Gallimard, 2002.

la généralisation du test du cancer du sein chez toutes les femmes de plus de 50 ans, pour un coût de 1 500 euros par vie sauvée, et la généralisation du test du VIH et de l'hépatite C dans tous les lots de sang destinés à la transfusion, pour un coût de 9 millions d'euros par année de vie sauvée, la France a choisi la seconde[1]. Après le scandale du sang contaminé, en effet, il était inenvisageable pour les Français que la qualité du sang transfusé puisse être mise en doute.

Par-delà ce contexte particulier, l'exemple illustre bien les dilemmes auxquels les responsables font face : d'une part, l'opinion juge que certains risques sont purement et simplement inacceptables, et exige qu'ils soient éliminés – attitude que traduit bien le principe de précaution ; d'autre part, elle sous-estime largement certains autres risques, ce qui conduit les gouvernements à sous-investir dans une prévention dont il y a peu de chances qu'on leur sache gré au cours de leur mandat. Celle-ci induit en effet toujours un coût : limiter le risque nucléaire, c'est imposer un niveau de sûreté plus élevé aux centrales, et donc accroître le prix de l'énergie, comme limiter le risque bancaire, c'est imposer aux banques de disposer d'un capital plus important et de ressources liquides plus abondantes, et donc augmenter le coût du crédit.

---

1. Voir C. Gollier, « Économie du principe de précaution », *in* F. Ewald, C. Gollier, N. de Sadeleer, *Le Principe de précaution*, Que sais-je ?, Presses universitaires de France, 2009.

Des progrès ont certes été enregistrés dans la foulée de la crise financière de 2008 : le FMI s'attache régulièrement à envisager des scénarios catastrophe ; la prévention des risques pour la stabilité financière est désormais une mission explicite des banques centrales ; des efforts ont été faits pour renforcer la résilience du système financier, par exemple en imposant des ratios de capital aux banques. Dans d'autres domaines – sanitaire, alimentaire, énergétique – des agences ont été créées dont la mission, parfois même exclusive, est de prévenir le risque.

Il reste cependant que les gouvernements eux-mêmes demeurent souvent sous l'emprise du biais déterministe, et ne conçoivent pas explicitement leur action comme celle de gestionnaires du risque.

Cette défaillance dans la gestion du risque est amplifiée dans des systèmes complexes. Les ingénieurs et les spécialistes de l'écologie savent que ceux-ci ne se comportent pas de la manière usuelle. S'y rencontrent des « cygnes noirs » – que Nassim Nicholas Taleb définit comme des événements rares, d'impact extrême et qui sont à la fois imprévisibles *ex ante* et explicables *ex post*[1]. Comme les réseaux électriques ou les systèmes écologiques, ils sont aussi sujets à des phénomènes d'effondrement. Il ne suffit donc pas de leur appliquer un modèle de probabilité standard et de l'utiliser pour se protéger contre 99 %, ou 99,9 % des risques.

---

1. Voir Nassim Nicholas Taleb, *Le Cygne noir*, Les Belles Lettres, 2012.

Ces considérations s'appliquent évidemment d'abord au système financier. Comme l'a dit en 2009 Lloyd Blankfein, le PDG de Goldman Sachs : « *Complexity got the better of us*[1]. » En octobre 2008, le FMI évaluait à 100 milliards de dollars les pertes totales sur les crédits immobiliers *subprime* : la somme peut paraître importante mais elle ne correspond qu'à 0,7 % du PIB américain ou 0,2 % du PIB mondial, et à cette aune ces pertes paraissaient parfaitement absorbables sans difficulté. Plus encore, le montant total des *credit default swaps* (assurances contre le risque de défaut) activés par la chute de Lehman n'était que de 5 milliards de dollars, soit trois dix-millièmes du PIB américain. À l'évidence, les calculs usuels ne laissaient pas attendre la catastrophe.

Ce qui est vrai de la finance s'applique à d'autres systèmes techniques, biologiques ou humains : le risque y est multiforme, il est difficilement modélisable et il échappe largement à la prévision. La question est de savoir comment s'en protéger. C'est une des premières missions des gouvernants, c'est aussi l'une de celles qu'ils ont le plus de mal à remplir.

* *
*

---

1. Voir Lloyd Blankfein, « Do not destroy the essential catalyst of risk », *Financial Times*, 8 février 2009.

La « Fortune » a depuis longtemps été identifiée comme un ingrédient essentiel de la réussite des politiques. Il suffit de relire Machiavel : « C'est pour cela encore que ce qui est bien ne l'est pas toujours. Ainsi, par exemple, un prince gouverne-t-il avec circonspection et patience : si la nature et les circonstances des temps sont telles que cette manière de gouverner soit bonne, il prospérera ; mais il déchoira, au contraire, si, la nature et les circonstances des temps changeant, il ne change pas lui-même de système. » La responsabilité des gouvernants est bien de gérer l'incertitude, de chercher à prévoir sans biais, d'anticiper au mieux les effets de leurs actions, et de prévenir les risques, y compris extrêmes. Pour bien des raisons, à la fois cognitives, techniques et politiques, le bricolage reste toutefois la règle en la matière.

Cette difficulté des gouvernants à se penser et à agir en gestionnaires du risque n'est pas propre à l'économie et elle n'est pas non plus nouvelle. Mais elle se pose aujourd'hui avec une acuité particulière, pour trois raisons. D'abord, parce que la crise financière de 2008 a durablement ébranlé la confiance dans les dirigeants : ils ont été collectivement pris en défaut de vigilance. Ensuite, parce que des sociétés plus prospères et plus vieilles manifestent une plus forte aversion pour le risque : elles n'acceptent plus ce qui faisait jadis figure d'aléas naturels. Enfin, parce que le ralentissement de la croissance donne plus d'importance aux accidents qu'elle subit : un demi-point de croissance en plus ou en moins n'a pas le même poids lorsque la tendance est de 3 %

et lorsqu'elle est de 1 %. Pour ces trois raisons, les citoyens sont de moins en moins enclins à payer le coût des paris perdus et des erreurs qu'ils entraînent.

Chapitre 5

La discordance des temps

Faire concorder les temps est l'une des obsessions des dirigeants politiques. Ils savent d'expérience que celui du Parlement n'est pas celui des sociétés, pas plus que celui des marchés n'est celui de l'économie. Ils ont également appris que la valeur d'une initiative, quelles qu'en soient les qualités intrinsèques, dépend parfois plus du moment où elle intervient que de son contenu. À la manière d'un Charles Quint consacrant ses dernières années à tenter – en vain – de synchroniser les innombrables horloges de sa collection, ils accordent beaucoup d'attention au choix du moment propice à telle ou telle annonce, à la détermination de la « fenêtre de tir » pour la loi qu'ils veulent porter et, bien sûr, à la gestion des « séquences » politiques et médiatiques.

Il arrive aussi que le temps les trahisse. Le dimanche 14 septembre 2008 au soir, quand le trio de choc Paulson, Bernanke, Geithner se résigne à la faillite de Lehman, c'est avec un sentiment aigu d'impuissance. Ils ont géré les accidents bancaires l'un après l'autre, sans plan bien défini, comme on passe successivement les obstacles qui se présentent sur la route, et ont fini par chuter. Ils ont été pris de court. Pour éviter la crise il aurait fallu anticiper, mettre en place les outils juridiques permettant au Trésor d'intervenir, obtenir en amont l'appui du Congrès, organiser à froid une restructuration du système financier. Rien de tout cela ne pouvait être l'affaire d'un week-end. Ils ont cru qu'ils sauraient maîtriser le temps et ils vont devoir faire face à la panique. Ils étaient les maîtres des horloges, ils vont désormais être les jouets de pendules affolées.

Les ministres de la zone euro ont, eux, commis l'erreur symétrique. Ils ont tenté de soumettre l'économie au calendrier dont ils avaient décidé. Face au problème de séquençage qui se présentait à eux – quand engager la consolidation budgétaire, quels doivent en être les préalables, à quel rythme la conduire ? – ils ont agi à contretemps. Le moins que l'on puisse dire, c'est que les anticipations sur la robustesse de la reprise se sont révélées beaucoup trop optimistes. Le choix d'une consolidation prématurée des finances publiques a été pénalisant, l'ordonnancement des initiatives budgétaires, monétaires et fiscales a été défaillant et l'incapacité à corriger le tir quand les conséquences de l'erreur sont devenues manifestes a été désastreuse. À faire les Chantecler, l'Europe s'est décrédibilisée.

Le succès ou l'échec d'une politique se joue sur trois temps. Celui, d'abord, des réactions et des émotions. Ce qui compte, dans ce qui s'apparente souvent à un spasme, c'est la perception de l'action plus que l'action elle-même. Ensuite, le temps des effets mesurables, qui se compte au moins en trimestres, et souvent en années. À cette échéance, articuler calendrier économique et calendrier politique est particulièrement ardu, parce qu'ils ne répondent pas aux mêmes exigences. Enfin, le temps long des mutations de la société et des systèmes naturels, qui se situe au-delà de l'horizon des cycles électoraux mais n'en est pas moins essentiel, et que les gouvernants ont la responsabilité de prendre en compte.

Effets de manche et crédibilité

Le premier temps relève de *l'instant*. Tout responsable politique a rêvé de changer, d'une phrase, le sort de son pays. Beaucoup s'y sont essayés, souvent pour leur malheur. Mario Draghi, le président de la BCE, y est quant à lui parvenu : la crise de la zone euro qui durait depuis plus de deux ans s'est calmée le 26 juillet 2012 lorsque, à la faveur d'un discours à Londres, il a improvisé une formule qui a fait mouche : la BCE, a-t-il lancé, « est prête à faire tout ce qu'il faut (*whatever it takes*) pour préserver l'euro », avant d'ajouter « et croyez-moi, ce sera suffisant (*and believe me, it will be enough*) ». Quelques mots jetés au détour d'un paragraphe, mais assez pour convaincre les marchés qu'il n'y avait plus rien à gagner à spéculer sur la fin de l'euro. Succès paradoxal, car la BCE n'avait pas encore mis au point son arme fatale (les opérations monétaires sur titres, OMT, ne seront annoncées qu'en septembre) et que celle-ci, une fois présentée, ferait immédiatement l'objet des critiques acerbes de la Bundesbank. Mais succès éclatant. Combien d'échecs, cependant ! On ne compte plus les communiqués des leaders européens restés sans effets – quand ils n'ont pas été contre-productifs – parce qu'ils ont annoncé trop peu et sont venus trop tard.

En de tels moments, la difficulté n'est pas d'organiser une concordance des temps : politique et économie se confondent dans la même instantanéité. Elle est d'être crédible, et donc d'accorder déclarations et réalisations à venir. Une annonce, même brillante, n'est efficace que s'il n'y a aucun doute sur sa mise en œuvre. Or c'est loin d'aller de soi.

Le problème provient de la tentation toujours présente des engagements sans suite. Il résulte aussi du fait que le Parlement ne sera pas nécessairement disposé à suivre les annonces de l'exécutif. Mais il tient également à un problème plus profond, celui de l'incohérence temporelle. Comme l'ont montré Finn Kydland et Edward Prescott[1] en 1977, un responsable bien intentionné qui agit à chaque instant de façon rationnelle sera presque toujours conduit à annoncer une certaine politique et à en conduire une autre. Par exemple, pour favoriser l'investissement, il annoncera que les impôts sur le capital n'augmenteront pas, de

---

1. Finn Kydland et Edward Prescott, « Rules Rather than Discretion : The Inconsistency of Optimal Plans », *Journal of Political Economy*, vol. 85(3), p. 473-492, 1977.

façon à ce que les entreprises investissent. Une fois ces investissements réalisés, cependant, il pourra vouloir les taxer pour réduire le déficit budgétaire. Ou bien il interdira de construire en zone inondable mais indemnisera *a posteriori* les victimes d'inondations. Ou enfin il exigera que les banques soient prudentes mais viendra à leur aide si la crise menace.

Cette incohérence temporelle des politiques dites discrétionnaires, c'est-à-dire dans lesquelles les décisions sont prises à chaque moment, mine l'efficacité de l'action publique. Le reniement, ou le simple soupçon qu'il va survenir, altère durablement les anticipations des acteurs : quelles que soient les annonces ultérieures, les entreprises n'investiront plus autant qu'il serait optimal, les ménages iront s'installer dans des zones dangereuses, et les banques attendront que l'État vienne éponger leurs pertes. C'est pourquoi Kydland et Prescott ont recommandé que les gouvernements « se lient les mains » en adoptant des règles de conduite.

Ils ont été entendus. En 1990, cinq pays seulement étaient dotés de règles budgétaires, mais en 2014 le FMI en recensait 80 : en Europe, mais aussi aux États-Unis (pour les États fédérés), au Japon, en Australie, en Amérique latine et en Afrique[1]. En matière bancaire, l'Union européenne s'est récemment dotée d'une législation sur les faillites qui oblige à faire payer

---

1. Voir Andrea Schaechter *et al.*, « Fiscal Rules in Response to the Crisis – Toward the "Next-Generation" Rules. A New Dataset », *IMF Working Paper* n° 12/187, 2012, et http://www.imf.org/external/datamapper/FiscalRules/map/map.htm

les créanciers. Pour conjurer leurs mauvais démons et assurer la stabilité macroéconomique, un grand nombre de pays du monde s'en sont remis aux règles. Ce n'est cependant pas sans inconvénients. Machiavel écrivait : « Changer ainsi à propos, c'est ce que les hommes, même les plus prudents ne savent point faire, soit parce qu'on ne peut agir contre son caractère, soit parce que, lorsqu'on a longtemps prospéré en suivant une certaine route, on ne peut se persuader qu'il soit bon d'en prendre une autre. Ainsi l'homme circonspect, ne sachant point être impétueux quand il le faudrait, est lui-même l'artisan de sa propre ruine. » L'observation est toujours d'actualité : un dirigeant qui a associé son nom à telle ou telle orientation a généralement beaucoup de mal à changer de pied quand les circonstances l'exigent. Elle s'applique encore plus aux règles. Trop souples, celles-ci ne servent à rien. Mais, trop strictes, elles ont un effet pervers, comme on l'a vu au chapitre 2 : celui de rigidifier la politique économique. Il est facile – et dangereux – de passer de l'abus du discrétionnaire à l'abus des règles.

Une autre réponse possible au problème de crédibilité des politiques est de confier certains domaines à des agences indépendantes spécialisées en leur assignant un mandat précis et en les chargeant d'assurer leur propre crédibilité. Parce qu'elle échappe à la contrainte politique (ses dirigeants ne sont pas soumis à réélection) et n'a pas à se soucier d'arbitrer entre des impératifs multiples, une agence peut gérer sa crédibilité plus facilement qu'un gouvernement. À l'exemple de Draghi elle garde sa liberté d'action, mais en ayant conscience que son succès demande de la constance. La création d'autorités indépendantes dans une série de domaines, comme la surveillance sanitaire, relève largement de cette logique, mais c'est l'indépendance des banques centrales qui l'illustre le mieux.

Dans un article de 1983 dont l'influence a été considérable[1], Robert Barro et David Gordon avaient montré que, dans un contexte de chômage structurel, un gouvernement soucieux du bien-être collectif est incité à relancer l'emploi en suscitant une inflation qui prenne les acteurs économiques par surprise, mais que, si ceux-ci anticipent ce comportement, le résultat sera *in fine* une inflation durablement trop élevée, sans gain sur le chômage. Dans le contexte inflationniste de l'époque, l'argument a porté et l'indépendance des banques centrales a été partout significativement renforcée à partir des années 1990.

Faut-il donc, pour être crédible, s'en remettre à des règles ? Faut-il déléguer à des agences non directement soumises à l'autorité politique ? C'est un des grands dilemmes actuels.

Ce n'est pas entre démocratie et technocratie qu'il faut choisir, mais entre plusieurs modes de gouvernance, les uns et les autres démocratiques. Si la responsabilité de juger des entraves à la concurrence a été transférée à une autorité indépendante, c'est qu'il

---

1. Robert J. Barro et David B. Gordon, « Rules, discretion and reputation in a model of monetary policy », *Journal of Monetary Economics*, Elsevier, vol. 12(1), p. 101-121, 1983.

n'est pas bon que des décisions de nature judiciaire soient prises par l'exécutif. Mais personne n'imagine de gérer la politique étrangère au moyen de règles, parce qu'elle exige une grande capacité de manœuvre, et si personne ne propose de déléguer la fiscalité à une agence indépendante, c'est parce que le Parlement ne peut pas se dessaisir de la responsabilité des enjeux distributifs. Le choix doit être celui de la bonne technologie pour le bon usage. Bonaparte a résumé la question d'un trait en disant, après avoir créé la Banque de France, qu'il fallait qu'elle « soit assez dans les mains du gouvernement mais qu'elle n'y soit pas trop » : la démocratie et l'efficacité commandent de trouver le bon équilibre.

Le temps des comptes

Le deuxième temps est celui des *effets mesurables* d'une politique : au moins quelques trimestres, pour les initiatives monétaires et budgétaires, souvent plusieurs années, pour les politiques structurelles comme les réformes du marché du travail ou de la concurrence, et au moins une décennie pour ce qui touche aux infrastructures, à la recherche et à l'éducation.

C'est à cet horizon que le problème principal est d'accorder calendrier politique et calendrier économique. La vie politique est rythmée par les élections : nationales, en France tous les cinq ans, tous les quatre ans dans la plupart des pays européens, et même pour le Congrès américain tous les deux ans, y compris à mi-mandat – les *mid-terms* ; mais aussi municipales et régionales, et dans les Länder en Allemagne, au gré d'un calendrier que ses partenaires perçoivent comme aussi irritant qu'indéchiffrable (il y a toujours une élection dans un Land qui conduit Berlin à reporter telle ou telle décision européenne d'importance), ou encore élections européennes.

On reproche souvent à ce rythme, de fréquence élevée, d'inciter à des initiatives à courte vue, autrement dit à l'électoralisme. Les démocraties pécheraient par leur soumission à un cycle frénétique, alors que la Chine, où les dirigeants changent tous les dix ans et n'ont pas à redouter les critiques de l'opposition, serait mieux à même de conduire des politiques à longue portée dont les bénéfices n'interviennent qu'avec un certain délai. Les Français eux-mêmes semblent adhérer à ce reproche : non seulement ils sont neuf sur dix à estimer que le pays « a besoin d'un vrai chef pour remettre de l'ordre », mais les deux tiers d'entre eux jugent qu'il faudrait en confier la direction à des experts non élus qui réaliseraient les réformes nécessaires, et 40 % appellent de leurs vœux un pouvoir autoritaire et un allégement des mécanismes de contrôle démocratique[1]. Une telle défiance envers la démocratie rappelle des heures sombres de notre histoire.

---

1. Sondage Ipsos/Sopra Steria « Fractures françaises » pour *Le Monde*, la Fondation Jean-Jaurès et Sciences Po, vague 4, avril 2016, et sondage Ifop pour Atlantico, octobre 2015.

La littérature économique sur le *political business cycle*, qui vise à modéliser l'influence des cycles électoraux sur les décisions, tend effectivement à montrer que la politique budgétaire est sensible au cycle électoral (en tout cas plus que la politique monétaire)[1]. En clair, les gouvernements sont enclins à baisser les impôts ou augmenter les dépenses publiques juste avant des élections importantes. La littérature suggère également que la durée des mandats et la possibilité, ou non, de se représenter ont un effet sur les politiques menées. En France, l'investissement des collectivités locales est fonction du cycle électoral : les maires ont tendance à inaugurer de nouveaux équipements en fin de mandat[2].

Le reproche le plus grave est cependant celui de l'inaction. Comme l'a dit un jour Jean-Claude Juncker avec une belle ingénuité : « Nous, les hommes politiques, savons très bien ce qu'il faut faire. Mais ce que nous ne savons pas, c'est comment être réélus si nous le faisons. » Bien souvent, en effet, celui ou celle qui a été à l'origine d'une initiative n'est plus aux commandes lorsqu'elle produit ses effets. L'ex-chancelier Gerhard Schröder en sait quelque chose : aujourd'hui considéré comme l'architecte du redressement allemand, il n'en a pas moins perdu les élections de 2005 (et avec elles l'âme de son parti, le SPD).

---

1. Allan Drazen, « The Political Business Cycle after 25 Years », *Macroeconomics Annual 2000*, vol. 15, NBER, 2001.
2. Voir par exemple Agnès Bénassy-Quéré, Benoît Cœuré, Pierre Jacquet et Jean Pisani-Ferry, *Politique économique*, De Boeck, 2012.

Il arrive, en de rares occasions, que des dirigeants parviennent à accorder temps politique et temps économique : le New Deal de Roosevelt et les réformes libérales de Margaret Thatcher sont restés dans l'histoire parce que l'un comme l'autre ont su imposer leur agenda, surmonter les obstacles, conduire une action d'envergure qui a finalement produit les effets attendus, et se faire réélire. Rares sont cependant les gouvernants qui y sont parvenus. Et même dans ces deux cas, d'ailleurs, il faut se garder de la part d'illusion téléologique que comporte la lecture *a posteriori* : en 1937, une consolidation budgétaire trop précoce a fait trébucher Roosevelt, et Margaret Thatcher a été sauvée de la déroute électorale par la guerre des Malouines.

Ce qui handicape les réformes d'ampleur, c'est notamment un problème strictement temporel : nombre d'entre elles ne produisent d'effets favorables qu'après plusieurs années. À court terme, leurs effets sont ambigus et elles peuvent même induire une baisse du PIB ou de l'emploi. Un économiste islandais qui enseigne à Brown University, Gauti Eggertsson, a notamment souligné que lorsque les taux d'intérêt sont à leur plancher, comme c'est le cas actuellement dans la zone euro, des réformes structurelles peuvent être mauvaises pour la croissance, en entretenant les anticipations de déflation[1].

Romain Duval, du FMI, a examiné systématiquement quel a été l'impact macroéconomique des ré-

---

[1]. Gauti Eggertsson, Andrea Ferrero et Andrea Raffo : « Can Structural Reforms Help Europe? », *Journal of Monetary Economics*, 61, 2014.

formes conduites dans les économies avancées depuis 1970[1]. Son analyse minutieuse montre qu'une réforme de la réglementation du marché des produits est très longue à produire des effets ; il faut plus de trois ans pour qu'elle se traduise en hausse du PIB, et encore plus pour qu'elle améliore l'emploi. Il montre aussi que les effets d'une réforme du marché du travail, par exemple des procédures de licenciement, dépendent fortement du contexte économique : elle peut rapidement améliorer l'emploi si elle est conduite en phase de reprise (parce que les entreprises ont moins peur d'embaucher), mais elle peut le dégrader durablement en phase de ralentissement (parce que les employeurs peuvent plus facilement réduire leurs effectifs).

Ces résultats suggèrent que logique politique et logique économique s'opposent souvent. Il faudrait engager les réformes suffisamment tôt pour pouvoir en recueillir les fruits avant la prochaine élection, mais aussi quand cela va bien, car leurs effets sont moins pénalisants. L'incitation politique à se comporter ainsi est faible : il faut beaucoup de vertu à un pouvoir fraîchement élu pour engager des réformes impopulaires quand il peut se contenter d'engranger les bienfaits d'une bonne conjoncture ; réciproquement lancer les réformes quand ça va mal, à la Schröder, c'est en maximiser le coût social et très probablement se préparer une déconfiture électorale. Face à ces dilemmes, rares sont les gouvernements qui ont trouvé la martingale.

---

1. Voir FMI, chapitre 3 du *World Economic Outlook* d'avril 2016.

Les analyses d'Eggertsson et de Duval posent aussi de difficiles questions de coordination entre différentes politiques. Traditionnellement, ce problème concernait au premier chef la politique monétaire et la politique budgétaire, afin de déterminer le bon *policy mix*. Mais si la crainte d'effets de court terme négatifs bloque des réformes profitables à long terme, la réponse doit passer par un soutien monétaire (si la banque centrale dispose de la marge de manœuvre pour le faire) ou budgétaire (si l'État en a la capacité). Il s'agit donc d'articuler politiques structurelles et politiques macroéconomiques. Longtemps rejetées par l'orthodoxie, ces idées font leur chemin, y compris en Europe où quelques flexibilités en ce sens ont été apportées au Pacte de stabilité et où la BCE se montre sensible à cette problématique[1]. On reste cependant loin d'un *Grand Bargain* qui verrait les gouvernements nationaux mener des réformes audacieuses en prenant appui sur un soutien macroéconomique européen, de nature monétaire ou budgétaire.

L'URGENT ET L'IMPORTANT

Le troisième temps est celui du *long terme*, qui est à bien des égards vital mais se situe généralement au-

---

1. Voir Benoît Cœuré, « The global and European aspects of policy coordination », discours au Global Research Forum on International Macroeconomics and Finance, Washington DC, 14 novembre 2014.

delà de l'horizon des cycles électoraux. Michel Rocard ne manquait jamais de rappeler la nécessité de penser long terme et préconisait, pour échapper à la pression de l'immédiateté, d'établir autour des enjeux du futur une forme de complicité entre décideurs et électeurs. Le problème est difficile, parce que la « dictature de l'urgence » dont notre société semble atteinte n'est pas seulement le résultat de l'accélération médiatique[1]. La préférence pour le présent conduit les entreprises, les ménages, chacun d'entre nous à attacher plus d'importance aux effets immédiats de ses actions qu'à leurs conséquences à long terme.

Contrairement à la boutade de Keynes, cependant, à long terme nous ne serons pas tous morts. Le changement climatique, le vieillissement, l'endettement ne sont pas seulement des enjeux pour les générations à venir, mais des questions d'importance à dix ou vingt ans. En outre, ces questions sont d'autant plus urgentes que l'irréversibilité menace : la fonte de la banquise, l'extinction des espèces, mais aussi une faillite souveraine ou une cassure politique comme le Brexit ne sont pas des événements réparables. Une fois qu'ils se sont produits, il n'est plus possible de revenir en arrière. Les prévenir devrait être un impératif des politiques publiques, mais – on retrouve ici le traitement défaillant du risque analysé au chapitre 4 – les responsables sont mal outillés pour gérer l'irréversibilité.

---

1. Voir Gilles Finchelstein, *La Dictature de l'urgence*, Fayard, 2011.

L'analyse économique ne l'est pas parfaitement non plus. L'importance plus faible attachée aux développements futurs est résumée en économie par le taux d'actualisation, qui convertit en valeur présente les gains ou coûts à venir. Ce taux reflète également le poids accordé au bien-être des différentes générations. Pour décider d'un investissement – la construction d'un TGV ou d'un hôpital, par exemple – l'analyse coût-bénéfice consiste ainsi à estimer la valeur actualisée du projet en sommant ses impacts futurs, pondérés par ce taux d'actualisation. Plus ce taux est élevé, moins l'avenir pèse au regard du présent. À 2 % tel projet d'équipement passe la barre, à 5 % il est retoqué.

Mais comment choisir ce taux d'actualisation ? Dans les années 2000, le choix du taux à utiliser pour estimer les effets du changement climatique a ainsi fait l'objet d'une vive controverse entre Nick Stern[1], dont le rapport pour le gouvernement britannique soulignait la nécessité d'une action immédiate, et William Nordhaus[2], un professeur de l'université Yale. Pour évaluer les dommages induits par le réchauffement, Stern avait fait, sur une base éthique, le choix d'un taux d'actualisation nul : il valorisait

---
1. N. Stern et al., *The Stern Review on the Economics of Climate Change*, Cambridge University Press, 2006.
2. W. D. Nordhaus, *Managing the global commons: the economics of climate change*, Cambridge, MIT Press, 1994. W. D. Nordhaus, « A Review of The *Stern Review on the Economics of Climate Change* », *Journal of Economic Literature*, 45(3), pp. 686-702, 2007.

exactement de la même manière le bien-être des vivants et celui des humains de demain. Nordhaus, lui, préférait estimer le taux d'actualisation à partir des comportements observés, qui sont révélateurs des préférences implicites de la société. Le premier prônait donc une action immédiate d'ampleur, quand le second – qui n'est pas un climatosceptique – prônait une approche plus graduelle. Leurs prescriptions en matière d'objectifs d'émission de carbone étaient ainsi sensiblement différentes.

Ces deux perspectives peuvent paraître incarner l'altruisme et l'égoïsme. Mais ce n'est pas exactement le cas. Nordhaus opposait à Stern que les générations à venir seront plus riches que les nôtres et que son souci intergénérationnel se payait inévitablement d'une plus grande indifférence au sort des plus défavorisés d'aujourd'hui. Un autre argument est qu'il n'est pas souhaitable de traiter les problèmes climatiques avec les technologies actuelles, s'il est vrai que celles de demain seront plus efficaces. Bref, l'équité entre générations est un sujet extrêmement important, mais plus compliqué qu'il n'y paraît.

Le problème est plus aigu encore lorsque l'irréversibilité entre en jeu. La biodiversité est pour le genre humain un actif collectif dont nous ne mesurons pas bien la résilience et dont nous ne connaissons pas la valeur. Le stock global d'espèces vivantes est une ressource vitale pour la génétique, la médecine et l'agriculture, mais nous ne le valorisons pas correctement parce que nous ne savons pas à quelle vitesse les espèces risquent de disparaître ni ce qu'impliquerait leur disparition. Dans ces conditions, la réponse rationnelle serait d'attacher à la survie des espèces menacées une valeur plus élevée que celle que nous pouvons effectivement mesurer (les économistes parlent de valeur d'option pour désigner le fait qu'il faut attacher un prix au maintien de la possibilité de choisir). À l'échelle mondiale, cependant, les comportements collectifs – qu'il s'agisse d'agriculture, de surexploitation, d'urbanisation ou de changement climatique – ne prennent pas en compte cette valeur sociale de la biodiversité, et les réponses politiques ne sont pas à la mesure du risque.

Dans un domaine bien différent, un autre exemple des difficultés à prendre en compte le long terme est fourni par la question des retraites. L'arrivée à la soixantaine, à partir du milieu des années 2000, des générations nombreuses nées après la guerre, les *baby boomers*, était parfaitement anticipée. La baisse des naissances dans les années 1970 et l'allongement de l'espérance de vie étaient également connus. Il était enfin prévisible que, dans un système de retraite par répartition, ces évolutions conduiraient à des déséquilibres financiers.

Dans le *Livre blanc sur les retraites* de 1991, Michel Rocard écrivait en préface : « Une démocratie comme la nôtre doit être capable de débattre à temps de ces problèmes et d'en traiter sereinement. » On ne peut mieux dire. Le Livre blanc dressait ensuite un constat clair du problème, dans toutes ses dimensions. Il soulignait également que, confrontés au même problème, les États-Unis avaient lancé une réforme des retraites dès 1982, le Royaume-Uni en 1986, l'Allemagne dans les années 1980 également. Rocard estimait en outre que « ne rien faire aujourd'hui conduirait à terme à la condamnation de la répartition et à la rupture des solidarités essentielles ». Comme le soulignait le Livre blanc, en matière de retraite la bonne méthode consiste à annoncer longtemps à l'avance les nouvelles règles et à les mettre en œuvre de façon très progressive, afin de permettre une adaptation des comportements des travailleurs et des entreprises.

Pourtant, malgré ce constat, cette volonté, et le retard déjà pris, il a fallu attendre 1993 pour un premier pas (la réforme Balladur), et encore dix ans pour, en 2003, une réforme (dite Fillon) dont les grandes lignes avaient été décrites en 1991. Et puis, il en a fallu une autre en 2010, et encore une en 2013.

Ces deux exemples illustrent la difficulté du passage à l'action quand les conséquences de la décision semblent lointaines. Le coût politique qu'il faut consentir pour infléchir les évolutions climatiques ou équilibrer les régimes de retraite est élevé et immédiat. Les gains paraissent lointains. La tentation est grande de surseoir, d'attendre que le problème soit aigu, de léguer au successeur. « *Kicking the can down the road* », comme disent les Américains. Il semble qu'il faille souvent être tout au bord, voire au fond du gouffre, pour prendre les décisions qui s'imposent.

Cette attitude – on n'ose pas parler de stratégie – est cependant très coûteuse. Dans le cas du climat, nous savons désormais qu'il est déjà presque trop tard pour contenir le réchauffement en dessous de 2 °C, niveau à partir duquel de graves dommages sont inévitables. Dans le cas des retraites, la succession des réformes a fini par équilibrer les comptes, mais à force de voir se succéder les réformes les Français ne croient plus à la solidité du système de retraite par répartition. Et, dans le cas des crises bancaires, l'expérience japonaise des années 1990 et celle de l'Europe dans les années récentes ont démontré que la procrastination était la pire des stratégies. La dictature de l'immédiat nous coûte cher.

* *
*

L'État, a écrit Philippe Delmas, doit être « le maître des horloges » et « le pourvoyeur de la lenteur nécessaire, inaccessible aux marchés »[1]. La formule a fait florès, mais force est de constater que la réalité est bien différente. Parce que les difficultés que pose l'articulation des horizons sont considérables, le temps est pour la politique économique un adversaire plus souvent qu'un allié. Et pour faire face aux trois problèmes que nous avons diagnostiqués, celui de la crédibilité et de la cohérence temporelle, celui de la discordance entre temps économique et temps politique, et celui du long terme, les responsables ne disposent que de solutions partielles, imparfaites et, à certains égards, problématiques. Cela n'interdit pas, cependant, d'en tirer meilleur parti que ce n'est généralement le cas. Nous y reviendrons.

1. Philippe Delmas, *Le Maître des horloges : modernité de l'action publique*, Odile Jacob, 1991.

Chapitre 6

Les revanches de la complexité

Le 28 décembre 1978, le vol United Airlines 173 s'écrase à l'atterrissage, faisant dix morts parmi les passagers et membres d'équipage. La raison ? Une panne totale de carburant. Pourtant, l'avion tournait depuis plus d'une heure au-dessus de l'aéroport de Portland. Les pilotes voulaient s'assurer que le train d'atterrissage était bien sorti (un voyant ne s'était pas allumé) et se préparer dans le cas contraire à un atterrissage un peu secoué. Absorbés par cette tâche, ils ont complètement oublié de vérifier le niveau de carburant et sont tombés à court...

L'accident, analysé par Christian Morel dans *Les Décisions absurdes*, illustre comment un « bricolage cognitif » peut conduire des hommes compétents, rationnels et bien intentionnés à prendre des décisions catastrophiques ou, au moins, contraires au but qu'ils recherchent. Ce qui est en cause ici, c'est un mécanisme mental qui « consiste à dissocier les étapes ou dimensions ; et à ne considérer que la première étape ou la première dimension ». Autrement dit : à oublier la complexité.

Il est fréquent que la focalisation sur une seule dimension d'une question, considérée à tort ou à raison comme essentielle, conduise à en négliger d'autres, suffisamment importantes pourtant pour faire dérailler l'opération la mieux conçue. Concentrée sur la nécessité de trouver un repreneur pour Lehman, l'administration Bush omet le fait que Barclays est soumise au régulateur britannique, qui finit par s'opposer à l'opération de reprise. Alors qu'ils en maîtrisent parfaitement les enjeux, Paulson, Bernanke et Geithner réagissent au fil du week-end au fur et à mesure qu'ils découvrent les différentes dimensions du problème. L'arbre cache la forêt : l'attention est captée par la crise immédiate (la faillite à éviter) et néglige le problème sous-jacent (comment assainir le système financier, et comment surmonter les désaccords que cette opération suscite).

Sur un registre moins dramatique, le même type d'erreur se retrouve dans nombre de décisions publiques. Bruno Le Maire, maître d'œuvre en 2006 du projet de contrat première embauche en tant que directeur de cabinet de Dominique de Villepin, décrit ainsi les causes de son échec : beaucoup de précipitation au détriment de la réflexion, beaucoup d'agitation, et très peu de consultations des Français[1]. Mais pensons aussi à la réforme des rythmes scolaires de 2013 : une idée consensuelle au départ, jusqu'à ce que l'on s'avise de ses conséquences pour les collectivités territoriales.

---

1. Interview au *Figaro* dans la série « Votre plus bel échec », 17 août 2016.

Nous avons vu enfin à propos du chômage combien la superposition d'une complexité cognitive (la multiplicité des mécanismes en jeu), institutionnelle (l'accumulation des règles, des acteurs et dispositifs publics) et opérationnelle (les difficultés de mise en œuvre de toute réforme) contribuait à freiner la recherche de solution.

Le diable est dans les détails, dit-on : en politique publique, engager une initiative, c'est toujours faire l'expérience de la multiplicité des obstacles qui peuvent la faire échouer. C'est pour les ministres et les experts faire l'apprentissage de la modestie. Les erreurs de politique économique résultent souvent d'une revanche de la complexité négligée.

Mais qu'entend-on au juste par complexité ? Et d'où vient-elle ? Pascal disait : « Je ne peux comprendre les parties que si je comprends le tout dans lequel sont les parties et je ne peux comprendre le tout que si je comprends les parties. » C'est peu ou prou la même définition de la complexité que donne quatre siècles plus tard Herbert Simon, le père de la « rationalité bornée », dans un article resté classique : « Un système complexe est constitué d'un grand nombre de parties qui interagissent de manière non simple[1]. » Un tel système est doté de propriétés propres que ne possède pas chacun de ses éléments.

---

1. Voir Herbert Simon, « The Architecture of Complexity », *Proceedings of the American Philosophical Society*, 106(6), pp. 467-482, décembre 1962.

Tous ceux qui ont étudié l'écologie savent que la complexité est inhérente aux systèmes naturels, et quiconque a parcouru un ouvrage d'anthropologie sait que la complexité sociale n'est pas une invention récente. Ce qui est neuf en revanche est la tendance à faire reposer nos interactions économiques sur des systèmes d'une complexité toujours accrue. Le marché que décrivait Braudel et même le capitalisme demeuraient des structures simples. Les réseaux de communication et d'énergie, les marchés financiers, qui s'organisent en réseaux d'interdépendances, sont au sens de Simon des systèmes d'une extrême complexité. Or de telles structures exhibent des propriétés bien particulières, dont on a tardé à prendre conscience : elles sont à la fois robustes et fragiles, en ce qu'elles résistent bien à une gamme étendue de chocs sévères, mais peuvent parfois s'effondrer sous l'effet d'une pichenette ; parce qu'elles réagissent généralement de manière non linéaire, l'effet d'une impulsion dix fois plus grande peut être, non pas dix, mais cent fois plus grand ; et, comme nous l'avons vu au chapitre 4, la distribution des risques n'y suit pas les lois probabilistes usuelles.

La complexité a aussi progressé du fait de notre inventivité réglementaire. Aux États-Unis, où les avocats du marché libre en tiennent un compte scrupuleux, le volume de la réglementation fédérale est passé de 20 000 pages sous Truman à 50 000 sous Kennedy, 100 000 sous Reagan et 175 000 sous Obama. Elle contiendrait de l'ordre d'un million de commandements[1]. En France, on ne mesure pas le stock mais le flux : chaque année, entre 20 000 et 25 000 pages (dont, il est vrai, des lois qui en remplacent d'autres, des mesures nominatives et des dispositions relatives à l'organisation de l'État lui-même) sont publiées au *Journal officiel,* contre 15 000 dans les années 1970. L'inflation réglementaire est patente et notre pays occupe le 121e rang du classement mondial du Global Competitiveness Report en ce qui concerne le poids du fardeau administratif.

Le sujet prête aux effets de manche : chacun s'accorde facilement sur la nécessité d'alléger la réglementation. Si elle ne cesse d'enfler aux États-Unis comme en France, cependant, c'est qu'elle répond à une demande sociale : chacun souhaite être protégé de tous les abus possibles et de tous les risques imaginables. À chaque scandale ou à chaque crise – financière, sanitaire, environnementale, sociale – l'État est mis en demeure d'agir pour que l'accident ne se répète plus jamais et le législateur s'empresse d'édicter de nouvelles normes. Le choc Lehman a ainsi partout débouché sur une profusion d'obligations pour les acteurs du marché financier et de responsabilités pour les régulateurs.

Nous ne cessons donc de fabriquer de la complexité. Et de ce fait même, nous multiplions les obstacles auxquels se confrontent les politiques

---

1. Voir Steven Davis, « Regulatory Complexity and Policy Uncertainty: Headwinds of Our Own Making », Hoover Institution, *Economics Working Paper* n° 15118, décembre 2015.

publiques. La mauvaise appréhension de cette complexité est en effet à la source de différentes formes d'erreur : le raisonnement partiel, qui occulte les mécanismes de rétroaction ; la non-prise en compte des complémentarités, qui affaiblit les effets des initiatives ponctuelles ; la sous-estimation des difficultés de transition ; et enfin les pièges de la mise en œuvre.

Regarder sous le réverbère

Le premier type d'erreur, le *raisonnement partiel*, est celui qu'ont commis les dirigeants de la zone euro en invitant les États membres à prendre des mesures de redressement budgétaire et en négligeant les effets de rétroaction de ces ajustements simultanés. Pour chacun des pays pris individuellement, les politiques de rééquilibrage des finances publiques mises en œuvre étaient peut-être adéquates dans un contexte de reprise de la croissance. Mais la concomitance des ajustements nationaux compromettait précisément cette reprise sur laquelle misait chaque gouvernement.

L'erreur peut paraître grossière. Il est toutefois des cas où il est justifié de ne pas prendre en compte toutes les rétroactions possibles. Lorsqu'on évalue, par exemple, l'impact de la libéralisation du transport par autocar, il est nécessaire d'en analyser les répercussions sur le transport ferroviaire et sur l'utilisation de la voiture individuelle, mais il n'est pas indispensable de prendre en compte des rétroactions *via* le PIB ou le marché du travail. Selon un bilan après six mois, les mesures de la loi Macron auraient conduit à la création de 1 300 emplois directs dans le secteur des autocars[1]. Ces nouveaux emplois ont certainement induit une hausse de la consommation, du PIB et probablement aussi des salaires. Mais ces effets sont macroéconomiquement négligeables. Cela justifie ce que les économistes appellent un raisonnement en équilibre partiel, par opposition à l'équilibre général. Ce type d'approche, qui fait l'impasse sur une partie de la complexité, est adapté à la plupart des analyses sectorielles.

De la même manière, pour évaluer l'effet d'un ajustement budgétaire au Portugal ou en Irlande, il est inutile de prendre en compte ses effets sur le reste de la zone euro. Mais ce qui est vrai d'économies qui pèsent chacune quelque 2 % du PIB de la zone ne l'est pas de l'Allemagne, qui en représente le tiers. Il faut alors raisonner en équilibre général afin de prendre en compte l'ensemble des rétroactions.

L'idée est simple : il faut, comme dit Andrew Haldane, de la Banque d'Angleterre[2], choisir à bon escient entre le microscope et le télescope. Les deux sont utiles, ils ne donnent pas la même image, et ne manier que l'un d'entre eux conduit à des erreurs grossières. Par exemple, on a longtemps fondé

---

1. Voir Anne Épaulard et Loïck Guilleminot, « Autocars interurbains : un bilan après six mois d'ouverture », note d'analyse de France Stratégie, mars 2016.
2. Voir Andrew Haldane, « On microscopes and telescopes », mars 2015. Disponible sur le site de la Banque d'Angleterre.

la politique de stabilité financière sur le postulat que, si les banques étaient individuellement saines, le système financier l'était aussi. C'était oublier les interactions entre elles et les phénomènes de contagion du risque dont la crise de 2008 a montré la puissance dévastatrice. Bien sûr, il faut contrôler la santé de chaque banque, dans le détail. Mais il faut aussi se préoccuper du risque systémique.

Les réformes du marché du travail se heurtent souvent à ce type de difficultés. Un bon exemple est donné par les zones franches urbaines (ZFU), créées en 1997 pour encourager les entreprises à s'implanter dans des quartiers sensibles. Ce dispositif consiste en un ensemble d'exonérations sociales et fiscales temporaires, conditionnées à l'implantation ou au maintien d'activités dans la zone et au respect d'une clause d'emploi local pour une partie des nouvelles embauches. Selon qu'on examine ses effets sur le nombre d'établissements et l'emploi dans les ZFU, ou que l'on cherche à déterminer l'effet global sur le chômage, les résultats varient fortement. En effet, une partie des implantations nouvelles en ZFU sont en fait des relocalisations d'unités existantes, et se font donc au détriment d'autres zones[1].

Cela renvoie à une difficulté plus générale des politiques de l'emploi : comment pondérer les effets d'une mesure sur le public ciblé (les habitants des

---

1. Pauline Givord et Corentin Trevien : « Les zones franches urbaines : quel effet sur l'activité économique ? » *Insee Analyses*, n° 4, mars 2012.

zones urbaines sensibles, les jeunes peu qualifiés) et son effet d'ensemble ? Souvent, un gouvernement annonce que tel dispositif nouveau à destination de tel public, par exemple une subvention à l'embauche pour certains publics, a permis de créer des dizaines de milliers d'emplois. Mais s'agit-il vraiment d'emplois nets ? Est-ce que changer l'ordre de priorité dans la file d'attente des demandeurs d'emploi a une utilité, si cela se fait seulement au détriment d'autres chômeurs et n'a aucun effet sur le chômage total ?

Il est permis de se demander pourquoi le raisonnement partiel est si répandu, alors que l'oubli des rétroactions conduit à une mauvaise appréciation des effets des politiques. C'est d'abord parce qu'il est plus concret : les bénéficiaires directs d'un dispositif de soutien à l'emploi sont individuellement identifiables, alors que ceux qu'ils ont remplacés, et qui n'ont pas obtenu l'emploi auquel ils auraient pu avoir accès, demeurent anonymes. C'est ensuite parce qu'il est plus précis (ce qui ne veut pas dire plus exact) : la focalisation sur un secteur, ou un dispositif, permet d'entrer dans le détail. C'est également parce que les processus de décision y conduisent naturellement : ainsi, chaque pays arrête son budget sur la base d'une prévision d'environnement international qui traite la croissance des pays voisins comme donnée, et la prise en compte des interdépendances entre ces prévisions, faites de façon non coordonnée, n'est pas facile à organiser.

Se croire seul au monde

L'absence de prise en compte des complémentarités est une autre erreur commune, intellectuellement voisine de la première. La réforme est presque par définition un processus graduel, qui conduit à modifier tel ou tel volet des règles du jeu en laissant, temporairement au moins, les autres inchangées. Il n'y a guère qu'en Pologne et dans quelques autres pays en transition qu'on a vu, dans les années 1990, un ensemble de réformes d'ampleur être introduites en bloc. Or une réforme n'a pas du tout le même effet selon qu'elle intervient seule ou associée à un ensemble d'autres initiatives.

Olivier Blanchard, qui était à l'époque au Massachusetts Institute of Technology, et Francesco Giavazzi, de l'université Bocconi, en ont donné un exemple éclairant dans un article de 2003[1]. Supposons, disent-ils, qu'un secteur se caractérise à la fois par un marché des produits monopolistique et par un marché du travail dual, qui fait peser le risque de chômage sur les contrats temporaires et protège les salariés permanents. En conséquence, le secteur se caractérisera par des rentes de monopole, et les salariés permanents pourront utiliser leur pouvoir de négociation pour s'en approprier une partie. Leur salaire sera trop élevé et l'emploi trop faible.

---

1. Olivier J. Blanchard et Francesco Giavazzi : « Macroeconomic Effects of Regulation and Deregulation in Goods and Labour Markets », *Working Paper* n° 8120, NBER, février 2001.

Que se passe-t-il si le gouvernement s'attaque au seul marché du travail ? Pour commencer, les salariés permanents s'y opposeront farouchement, parce qu'ils ont beaucoup à y perdre. Et, même s'il y parvient, il aura essentiellement réussi à redistribuer la rente des salariés aux employeurs, sans que le secteur devienne plus concurrentiel. Il y a donc complémentarité entre les réformes sur le marché des produits et sur le marché du travail. En outre, et c'est important, il vaut mieux commencer par faire baisser les prix en rendant le marché des produits plus concurrentiel, ce qui procurera un gain de pouvoir d'achat aux salariés (ils sont aussi consommateurs) et réduira leur incitation à s'opposer à la réforme du marché du travail (la rente de monopole ayant été érodée, ils n'ont plus la même motivation à se l'approprier). En d'autres termes, il est préférable de réformer d'abord le marché des produits et ensuite le marché du travail plutôt que l'inverse.

Cette question des complémentarités entre différentes réformes est centrale dans les processus de changement. Comme nous l'avons vu à propos du chômage – mais c'est vrai de tout effort de transformation d'une réalité complexe –, les gouvernements tendent à partir de la « liste de courses » des réformes souhaitables et à choisir les initiatives qui leur paraissent les moins coûteuses. Comme le disaient en 2005 Ricardo Hausmann, Dani Rodrik et Andrés Velasco, de la Harvard Kennedy School, l'hypothèse sous-jacente est que (a) toute réforme est bonne à prendre, (b) plus étendue est la réforme, mieux c'est, et (c) plus loin va la réforme dans un domaine quelconque, mieux c'est[1]. Or cette hypothèse est fausse, parce qu'elle néglige les complémentarités. Elle conduit les dirigeants à gaspiller un capital politique pourtant souvent rare pour faire accepter des réformes partielles qui produisent peu d'effet.

Il y a pire : une réforme partielle peut être contre-productive. Depuis les années 1950, les économistes du commerce international ont compris que, si une contrainte empêche d'atteindre la solution de premier rang (ou optimum de Pareto, c'est-à-dire en théorie du bien-être une situation dans laquelle il n'est pas possible d'augmenter le bien-être d'un individu sans que celui d'un autre individu soit réduit), les solutions partielles, bien qu'atteignables, ne sont pas nécessairement préférables au statu quo. Par exemple, dans un modèle simple de commerce international, le fait qu'une ouverture générale aux échanges est favorable n'implique pas qu'une ouverture limitée à certains produits le soit[2]. Cela ne veut pas dire qu'on ne peut rien faire de bon, seulement

---

1. Voir Ricardo Hausmann, Dani Rodrik et Andrés Velasco, « Growth Diagnostics », in *The Washington Consensus Reconsidered : Towards a New Global Governance*, sous la direction de Narcis Serra et Joseph Stiglitz, Oxford University Press, 2008. L'article original date de 2005.
2. J. N. Bhagwati, "The Generalized Theory of Distortions and Welfare," in *Trade, Balance of Payments and Growth*, ed. J. N. Bhagwati, R. W. Jones, R. A. Mundell, and J. Vanek, Amsterdam, North-Holland Publishing Co., 1971.

que l'identification de l'optimum de second rang ne va pas de soi[1].

Ce résultat, connu comme le théorème du *second best*, est d'une portée beaucoup plus générale et s'applique dans tout contexte dans lequel existent diverses distorsions. Son implication est que la méthode de la liste des courses peut conduire à des erreurs graves et que le choix d'une stratégie de réforme efficace est d'une importance essentielle. Comme le disent Hausmann, Rodrik et Velasco, il faut commencer par s'attaquer aux dysfonctionnements les plus pénalisants. Plutôt donc que de multiplier les réformes, il faut identifier les réformes critiques susceptibles d'avoir un impact significatif et concentrer le capital politique disponible sur elles. C'est le contraire de la liste de courses.

SE PERDRE EN CHEMIN

Troisième source d'erreur, la *transition* entre la situation initiale et le point d'arrivée visé, qui est rarement pensée en même temps que la décision d'agir, est pavée de difficultés.

Les réformes des retraites en fournissent de bons exemples. Souvent, les nouveaux modes de calcul des pensions, même s'ils sont nécessaires et dans

---

1. Voir R. G. Lipsey et Kevin Lancaster, « The General Theory of the Second Best », *The Review of Economic Studies*, vol. 24(1), pp. 11-32, 1956.

l'ensemble plus justes, seront moins favorables pour certains et, surtout, ils introduisent un changement des règles du jeu. Idéalement, les modifications des règles de calcul doivent être annoncées suffisamment à l'avance et monter en charge progressivement au fil des générations. C'est ce qu'ont fait par exemple les États-Unis en prévoyant dès 1983 une hausse de l'âge de départ en retraite entre 2000 et 2022.

Mais plus la réforme est plus tardive, plus la période de transition sera courte et délicate à gérer. En Italie, par exemple, la réforme Fornero introduite en 2011 par le gouvernement Monti a contraint certains actifs à retarder brutalement la date de leur cessation d'activité. Pour atténuer les effets d'une réforme sur les retraités les plus proches de la retraite, il peut alors être souhaitable de prévoir une montée en charge plus lente au début, ou de compenser en partie les effets des nouveaux modes de calcul pour ces générations, dans la période de transition, quitte à réduire ou annuler les gains à court terme de la réforme.

Comme l'ont souligné les travaux du Conseil d'orientation des retraites (COR), les modalités de la transition sont un des écueils des réformes dites systémiques, qui visent à changer plus radicalement l'organisation du système de retraite. Supposons que l'on décide demain d'unifier les régimes de retraite des salariés du privé et du public. Faut-il appliquer le nouveau système aux jeunes qui entrent sur le marché du travail ? Cela signifie qu'il ne concernera que des départs en retraite qui auront lieu dans plus de quarante ans. Ou la réforme doit-elle concerner tous les nouveaux départs à la retraite, ce qui suppose de recalculer tous les droits individuels dans le nouveau système ?

En matière de santé, ou encore d'aides au logement, les mêmes difficultés de transition existent. Le développement de la prévention doit permettre de réduire à terme les dépenses de nature curative. Le dépistage précoce du cancer du sein réduit ainsi la gravité des tumeurs détectées. Mais, pendant un certain temps, il faut supporter les coûts nouveaux des politiques de prévention, tout en conservant des dépenses curatives pour ceux qui n'ont pas bénéficié de la prévention. En ce qui concerne l'organisation des soins, le développement de la médecine ambulatoire qui permettra de réduire la fréquence et la durée des hospitalisations peut nécessiter d'abord des investissements, pour garantir notamment la permanence des soins en ville. Or convaincre les gestionnaires des finances publiques que, pour faire des économies demain, il faut commencer par dépenser aujourd'hui n'est jamais aisé. Malgré l'adoption de programmes pluriannuels de finances publiques, la logique budgétaire reste marquée par une forte annualité, ce qui réduit les marges de manœuvre pour des réformes ambitieuses susceptibles de dégager des économies à moyen terme. C'est une autre forme de la dictature de l'immédiat évoquée au chapitre 5.

Le terrain piégé

Quand les politiques ont surmonté ces obstacles, pris en compte les différents effets induits par une réforme, pensé la transition, ils peuvent considérer qu'ils ont géré la complexité. Reste toutefois la dernière étape, souvent négligée, celle de la *mise en œuvre*. C'est la quatrième source d'erreur : sur le terrain, les choses ne se passent pas toujours comme on le croit dans les ministères. Ce fut le cas par exemple pour le volet activité du revenu de solidarité active, dit RSA-activité, destiné aux travailleurs à faibles revenus. Contre toute attente, comme on l'a vu, une grande partie de ceux qui y avaient droit (environ les deux tiers) ne l'ont pas demandé ! Certes, différentes raisons peuvent être invoquées : la stigmatisation associée à une aide qui porte presque le même nom que celle destinée à ceux qui ne travaillent pas, la peur de devoir rembourser des sommes perçues à tort, la complexité des démarches et papiers à remplir, la crainte de contrôles... Il reste qu'un dispositif, aussi bien pensé soit-il, qui n'est pas utilisé par ceux pour lesquels il a été créé, ne peut être vu comme une réussite.

Les difficultés de la mise en œuvre de réformes ne proviennent pas seulement du mépris pour les considérations concrètes et de l'insuffisante attention prêtée aux aspects pratiques. Elles résultent aussi des asymétries d'information : les décideurs ont une connaissance imparfaite des comportements de ceux qui mettent en œuvre la décision et de ceux auxquels elle s'applique. Par exemple, lors de l'attribution de nouvelles fréquences pour les opérateurs de téléphonie mobile, le régulateur ne connaît pas *a priori* la valeur de ces fréquences pour les entreprises concernées, pour lesquelles cette information est stratégique. Il existe parfois des moyens de surmonter ces asymétries d'information dans la mise en œuvre d'une politique, par des mécanismes d'enchères dans le cas des télécoms, ou plus généralement par des contrats incitant les acteurs à révéler l'information qu'ils détiennent. Mais, dans bien des cas, il y a une part d'inconnue dans la façon dont les comportements seront modifiés. Il peut alors être utile d'expérimenter dans un premier temps, et d'évaluer les résultats avant de décider d'une éventuelle généralisation.

Une autre source de difficulté lors de la mise en œuvre peut venir de la multiplicité des acteurs concernés. Un bon exemple est celui de la formation professionnelle, et plus spécifiquement des plans successifs de formation des demandeurs d'emploi. L'État prend le plus souvent l'initiative et apporte des financements. Mais la formation professionnelle relève désormais des régions, et le principal opérateur sur lequel repose sa mise en œuvre est Pôle emploi. Il faut donc élaborer des conventions entre l'État et les régions, puis entre les régions et Pôle emploi. Les partenaires sociaux sont bien sûr impliqués, au sein des comités nationaux ou régionaux pour l'emploi et la formation professionnelle (les Cnefop et Crefop). Et, *in fine,* les formations sont dispensées par un grand nombre d'organismes qu'il est illusoire de penser contrôler un à un. Difficile au final de savoir qui pilote qui, et qui décide de quoi. La fiction d'un État qui fonctionnerait comme une machine sans friction se dissout dans l'infinie complexité des responsabilités enchevêtrées et des jeux d'acteurs.

*   *
*

Tous les dirigeants politiques savent que la réalité est plus complexe que leurs slogans, comme tout chercheur sait qu'elle est plus complexe que ses modèles. Pour l'affronter, ils ont recours à différentes techniques : ils hiérarchisent les questions, segmentent les problèmes, développent des heuristiques qui leur permettent de décider en dépit d'une information toujours incomplète. La nature de leur responsabilité l'exige.

Par-delà son caractère par définition multiforme, ce qui unit les différentes figures de la complexité que nous venons d'analyser est cependant qu'elle prend facilement en défaut le raisonnement usuel. Dans un univers complexe, ce qui paraît assuré cesse de l'être, les chemins balisés mènent à des impasses, les réflexes conduisent à des bévues ou à des catastrophes. La nécessité de trancher demeure, mais la fiabilité des méthodes de décision se dégrade.

Si un thème ressort de la diversité des analyses qui précèdent, c'est que ni les bonnes intentions, ni la lucidité, ni le courage ne suffisent à identifier les réformes utiles. Affronter la complexité requiert une approche beaucoup plus stratégique des choix publics. La question, pour les responsables, est de déterminer quelle architecture de décision leur donne les meilleures chances d'y parvenir.

Chapitre 7

Bonnes et mauvaises discordes

La démocratie, la science, l'innovation reposent sur la libre expression des désaccords. Les meilleurs managers encouragent la contestation comme antidote au *groupthink* qui enferme dans une vision univoque de la réalité et empêche une bonne appréciation des risques. En politique économique aussi « disputez-vous » semble le meilleur conseil à donner à ceux qui veulent éviter de se tromper, et l'on aimerait souvent que des controverses mieux construites et plus vigoureuses viennent troubler des certitudes trop bien établies.

Dans le cas de la zone euro, cependant, et aussi dans celui du chômage, nous avons vu combien les désaccords pouvaient non seulement paralyser la décision – ce qui pourrait après tout n'être qu'un détour nécessaire à l'émergence de solutions rationnelles – mais conduire à des choix inefficaces ou incohérents. C'est cette ambivalence de la discorde qu'il faut maintenant tirer au clair : quand cesse-t-elle d'être fructueuse, pour conduire à des impasses ou des erreurs ?

Chacun pour soi

La première cause de désaccord est sans doute *l'opposition des intérêts*. Riches et pauvres, producteurs et consommateurs, propriétaires et locataires, employeurs et salariés, jeunes et vieux : les différends sur la répartition du revenu, de la richesse ou de toute autre ressource sont légion. Ils mettent aux prises des acteurs aux intérêts adverses, dans un jeu à somme nulle pour le partage de ce qu'on a l'habitude (étrange) de nommer un gâteau.

Les économistes tendent à séparer efficacité des choix collectifs et répartition des bénéfices que ceux-ci induisent. Que les uns et les autres se disputent sur le partage dudit gâteau ne devrait, disent-ils, ni favoriser ni empêcher que la société s'accorde sur les moyens de le faire grossir. Et, quand bien même quelques-uns de ces choix auraient des conséquences défavorables à certains groupes sociaux, il devrait toujours être possible de redistribuer le gain global en sorte que personne ne perde.

Cette approche a le mérite de souligner une vérité un peu trop souvent oubliée dans les sociétés marquées par des conflits de répartition. Elle offre également une clé pour relire notre histoire et comprendre que CGT et patronat aient, dans les décennies d'après-guerre, fait front uni pour promouvoir la croissance en même temps qu'ils se disputaient âprement sur la répartition de ses bénéfices. La modernisation de la France est née de cette coalition paradoxale entre des acteurs sociaux aussi déterminés à faire grossir le gâteau qu'ils étaient divisés sur son partage.

La séparation entre efficacité et distribution n'est cependant qu'une approximation souvent démentie par les faits. En témoignent, par exemple, les liens complexes entre inégalités et croissance : en Amérique latine, et même aujourd'hui dans des pays avancés, l'excès d'inégalités handicape la croissance, principalement parce qu'elle prive les pauvres de l'accès à l'éducation ; mais une taxation trop forte des revenus du capital peut aussi la freiner, parce qu'elle diminue à l'excès le profit que peut espérer un innovateur.

Toute une série de mécanismes peuvent ainsi expliquer que les divergences d'intérêts handicapent la décision et conduisent à des politiques néfastes à l'intérêt général.

C'est d'abord la *mainmise*. Les analystes du développement, comme Daron Acemoglu et James Robinson, ont montré combien le contrôle des institutions politiques par des groupes sociaux ou ethniques pouvait empêcher un pays de tirer parti de ses potentialités : il n'y a rien de bon à attendre des décisions publiques lorsque la politique se résume à une lutte de clans pour le contrôle des revenus pétroliers ou de l'exploitation des diamants[1].

C'est ensuite le *gaspillage*. L'illustration canonique est ici donnée par notre proche voisin : si la très sage

---

1. Daron Acemoglu et James A. Robinson, *Why Nations Fail : The Origins of Power, Prosperity, and Poverty*, Crown Business, 2012.

Belgique était, il y a vingt ans, le plus endetté de tous les pays avancés, c'est qu'elle avait entrepris d'apaiser les différends entre Flamands et Wallons à coups de dépense publique. Pendant des années, le critère de la juste dépense n'avait pas été son efficacité mais l'équilibre entre ce que l'État fédéral faisait pour les uns et ce qu'il faisait pour les autres. Pour chaque route utile au nord du pays il fallait en construire une autre inutile au sud, et réciproquement. L'exemple est caricatural (et la Belgique est sortie de cette logique absurde), mais il illustre combien les conflits peuvent contaminer la décision et oblitérer la notion même de l'intérêt général.

C'est encore la *guerre d'usure*. Un endettement insoutenable résulte fréquemment de conflits politiques et sociaux sur le partage du coût d'un ajustement qui est perçu comme nécessaire, mais dont personne ne veut supporter la charge. En pareille situation, chaque camp tend à retarder l'ajustement, dans l'espoir que son adversaire cédera avant lui. La dette publique résulte alors d'un affrontement entre des groupes opposés qui ne parviennent pas à s'accorder sur le partage du fardeau[1].

C'est enfin la *capture*. Il arrive souvent que des réformes collectivement bénéfiques soient bloquées par ceux qu'elles pénalisent. Que l'on pense aux « professions réglementées » (notaires, greffiers des tribunaux

---

1. Voir Alberto Alesina et Allan Drazen, « Why Are Stabilizations Delayed ? », *The American Economic Review*, vol. 81(5), 1991.

de commerce, huissiers de justice, etc.) auxquelles Emmanuel Macron avait entrepris de s'attaquer en 2015. Il s'est vite heurté à un tir de barrage médiatique et parlementaire qui l'a fait reculer sur plusieurs points. Cela s'explique aisément : chacune de ces professions est peu nombreuse mais a beaucoup à perdre à une réforme, tandis que les gains associés sont répartis entre un grand nombre de bénéficiaires. Par exemple, une baisse de la rémunération – fort élevée – des greffiers des tribunaux de commerce bénéficierait à toutes les entreprises qui sont à un moment ou un autre contraintes d'avoir recours à eux, mais pour chacune d'entre elles le gain serait faible.

L'économie politique a élaboré quantité de modèles pour rendre compte de cette « tyrannie de la minorité » (pour reprendre une expression chère à Nicolas Sarkozy). Dans une représentation simpliste de la décision, la majorité devrait réussir à imposer ses vues à la minorité, même si la seconde est, compte tenu des intérêts en jeu, considérablement plus mobilisée que la première. Une partie de l'explication vient de ce que les perdants potentiels disposent, pour engager des actions de lobbying, de la motivation et des ressources qui font défaut aux gagnants potentiels. Il arrive aussi que ces derniers ne soient eux-mêmes pas très convaincus de l'utilité d'une réforme, notamment parce qu'ils ne savent pas bien s'ils en bénéficieront eux-mêmes. L'incertitude sur la répartition des gains peut ainsi créer un *biais de statu quo* qui bloque des initiatives dont l'analyse suggère pourtant qu'elles seraient collectivement avantageuses[1].

L'analyse de ces situations avait conduit Jacques Delpla et Charles Wyplosz à proposer de « payer pour réformer » en finançant l'indemnisation des perdants des réformes par l'émission de dette publique[2]. Puisque la société dans son ensemble a plus à gagner à un ensemble de mesures que ceux qui les bloquent n'ont à perdre, mieux valait selon eux compenser les pertes de ces derniers plutôt que de rester sur place. L'idée, avancée en 2007, a été accueillie par les responsables politiques avec un certain scepticisme... avant d'être mise subrepticement en pratique avec la réforme des régimes spéciaux de retraite conduite par Nicolas Sarkozy, qui a fini par coûter autant qu'elle a rapporté aux finances publiques[3].

Au total, l'oubli des enjeux de répartition est une cause sérieuse d'échec des politiques les mieux intentionnées. C'est ce dont ont récemment pris conscience les avocats (dont nous sommes) de l'ouverture économique : à force de souligner que les échanges internationaux ou l'intégration européenne étaient

---

1. C'est ce que démontrent Raquel Fernandez et Dani Rodrik dans « Resistance to Reform : Status-Quo Bias in the Presence of Individual-Specific Uncertainty », *The American Economic Review*, vol. 81(5), décembre 1991.
2. Jacques Delpla et Charles Wyplosz, *La Fin des privilèges : payer pour réformer*, Hachette Littérature, 2007.
3. Voir Conseil d'orientation des retraites, « Les régimes de la Fonction publique et les autres régimes spéciaux : le point sur les réformes récentes », note de présentation générale, 11 février 2009.

porteurs de bénéfices collectifs sans s'intéresser plus avant à leur répartition, ils se sont décrédibilisés aux yeux de ceux qui en subissaient l'impact et ont ouvert la voie à Donald Trump et à ses avatars nationaux. L'expression la plus claire en a sans doute été le Brexit : oui, sans doute, l'arrivée des Polonais avait accru le PIB du Royaume-Uni, et même le revenu moyen des natifs ; mais d'abord à Londres et dans les classes aisées. Le ralliement des catégories populaires au Brexit est la vengeance des perdants sur ceux qui les ont ignorés.

Chacun dans son monde

L'opposition des intérêts demeure cependant plus facile à surmonter que celle des *représentations*, que nous avons vue à l'œuvre dans les débats européens ou sur la question du chômage, et qui constitue la deuxième source de désaccords. La raison en est qu'on sait négocier sur des intérêts mais qu'il est beaucoup plus difficile de trouver un terrain d'entente entre les tenants de deux représentations de la même réalité, de deux modèles. En effet, si chaque modèle fournit une image cohérente de l'objet en cause, ces images ne sont *a priori* pas compatibles entre elles. Si je pense que A cause B tandis que mon partenaire pense que B cause A, comment trouver un point d'équilibre entre nous ? On ne négocie pas sur le vrai et le faux.

Pour comprendre ce qui fait obstacle à la coopération économique internationale, Richard Cooper, de l'université Harvard, a étudié comment la coopération sanitaire s'est développée au XIXe siècle pour faire face à la transmission des grandes maladies infectieuses[1]. L'exemple est instructif parce que tous les pays partageaient le même objectif d'éradication de ces fléaux. Or entre le premier appel à la coopération, en 1834, et la première convention sanitaire, en 1892, il s'est écoulé plus d'un demi-siècle, ponctué par sept conférences internationales dont les six premières se sont terminées sur des constats d'échec.

Le problème venait de différends sur les mécanismes de transmission du choléra, une maladie arrivée d'Inde au début du siècle qui avait rapidement gagné l'ensemble du monde occidental. S'opposaient au milieu du XIXe l'école contagionniste, pour laquelle le choléra se transmettait par contact avec les personnes infectées et qui prônait donc, comme pour la peste, de longues quarantaines à l'entrée dans les ports, et l'école miasmatiste, qui ne tenait pas le choléra pour contagieux et mettait l'accent sur l'amélioration des conditions sanitaires, notamment la qualité de l'eau. En convoquant la première conférence internationale, la France avait entrepris de mettre fin à l'anarchie des règles de quarantaine (que chaque pays durcissait

---

[1]. Voir Richard Cooper, « International Cooperation in Public Health as a Prologue to Macroeconomic Cooperation », in *Can Nations Agree ?*, sous la direction de Richard N. Cooper *et al.*, Brookings Institution, 1989.

dès qu'apparaissait une nouvelle vague épidémique), mais aucune harmonisation durable n'était possible tant que les participants ne s'accordaient pas sur le mode de transmission de la maladie.

Ce n'était pas la bonne volonté qui faisait défaut. La première conférence, à Paris, dura six mois et se termina, sur initiative portugaise, sur un compromis réduisant à cinq jours la durée de la quarantaine. Mais c'était trop peu pour les contagionnistes – surtout les pays méditerranéens, qui étaient les premiers exposés à la transmission par voie maritime – et trop pour les miasmatistes – au premier chef les Britanniques, pour lesquels l'action contre le choléra s'inscrivait dans un grand effort d'amélioration des conditions sanitaires des classes laborieuses (accessoirement, il faut le noter, le Royaume-Uni voyait d'un mauvais œil les restrictions au commerce maritime qui se développait à grande vitesse et était source de revenus substantiels). Aucun des deux camps ne ratifia le compromis issu de la négociation. Ce n'est que très progressivement, au fur et à mesure des progrès scientifiques, que les points de vue finirent par se rapprocher et qu'un accord international, principalement inspiré par les thèses miasmatiques, fut conclu et appliqué.

C'est peu ou prou la même configuration de certitudes antagoniques, entremêlées ici ou là d'intérêts économiques, que l'on retrouve en matière de coopération macroéconomique internationale ou dans la crise de la zone euro. À certains égards les questions climatiques ont relevé de la même logique, avant que l'évidence du réchauffement s'impose à tous les observateurs de bonne foi. Si l'un voit des causes là où l'autre ne lit que des conséquences, si chacun regarde la réalité à travers des lunettes différentes, la meilleure volonté du monde ne permet pas de parvenir à un compromis raisonnable. Il faut d'ailleurs se méfier des compromis : s'ils ne traduisent aucun progrès réel dans la compréhension des enjeux mais seulement la volonté de se mettre d'accord, il se peut fort bien qu'à l'image du compromis portugais sur la quarantaine ils n'améliorent en rien la situation[1].

Le cas s'est d'ailleurs produit aux premiers temps de la crise grecque. Lorsque l'étendue des problèmes économiques et financiers du pays fut révélée, début 2010, les observateurs se rendirent vite à l'évidence : Athènes ne pourrait pas rembourser ses créanciers. Une partie du FMI et certains en Allemagne voulaient en tirer les conséquences et organiser une négociation avec les créanciers sur une réduction du fardeau. Mais la France et la BCE ne voulaient pas en entendre parler, parce qu'elles craignaient une mise en cause généralisée de la solvabilité des États. Il y avait donc deux solutions possibles : soit restructurer le passif, avec les risques que cela impliquait, pour permettre à la Grèce de sortir du surendettement ; soit repousser les difficultés, en lui prêtant à des conditions très avantageuses. Le compromis absurde fut… de lui prê-

---

1. Jeffrey A. Frankel et Katharine A. Rockett, « International Macroeconomic Cooperation Policy when Policy-Makers Disagree on the Model », *Working Paper* n° 2059, NBER, 1986.

ter à des taux d'intérêt punitifs, ce qui ne pouvait qu'aggraver les difficultés et dut d'ailleurs rapidement être abandonné. Entre deux lectures l'une et l'autre cohérentes débouchant sur des préconisations opposées, la négociation avait produit un compromis incohérent.

Le problème, on le voit, n'est pas tant le désaccord en lui-même – il fallait bien, pour que la médecine progresse, que contagionnistes et miasmatistes confrontent leurs certitudes – que la cristallisation autour de lui d'antagonismes nationaux ou politiques.

Ce qui est grave dans la crise de la zone euro n'est pas qu'il y ait eu plusieurs analyses : la controverse était au contraire nécessaire, parce que la perturbation empruntait des voies nouvelles, jusque-là inconnues, dont il fallait tirer la logique au clair. C'est que l'Europe du Nord ait adhéré à un récit qui met exclusivement l'accent sur la responsabilité individuelle des États quand l'Europe du Sud s'est réunie autour d'un autre, qui met uniquement en cause les défaillances du système.

Ce qui est grave dans les oppositions autour du chômage n'est pas que les économistes s'étripent sur la valeur de tel ou tel paramètre ou la pertinence de tel ou tel mécanisme. C'est que deux camps se soient formés au sein de la société française, qui ne voient pas du tout le marché du travail de la même manière. Quand les hypothèses de recherche se transforment en étendards autour desquels s'agrègent des camps irréconciliables, quand chacun n'écoute plus que ceux qui pensent comme lui, la vérité a peu de chances de se frayer un chemin.

Chacun ses préférences

Mais comment des controverses propres à l'activité de recherche se transforment-elles en désaccords constitués ? C'est qu'elles expriment en fait des divergences en termes de *préférences et de valeurs collectives* – c'est la troisième source de désaccords. Le décryptage des lectures française et allemande de la crise de l'euro permet de mieux comprendre ce qui est en jeu. Entre ceux qui ambitionnaient, par l'euro, de faire émerger un pouvoir, et ceux qui voulaient s'appuyer sur lui pour construire un ordre, le compromis a toujours été difficile. Les deux pays n'ont jamais eu la même vision du projet monétaire européen, parce que les Français tiennent la monnaie pour un instrument quand les Allemands y voient le ciment d'une communauté. Ce n'est pas ici d'économie qu'il s'agit, mais de philosophie politique et de l'histoire de pays qui ne se sont pas constitués de la même manière, n'ont pas vécu les mêmes traumatismes, et n'ont pas la même conception du rôle des institutions. L'*Ordnungspolitik* de Walter Eucken et le jacobinisme sont à l'exact opposé l'un de l'autre[1].

---

1. Dans *The Euro and the Battle of Ideas* (Princeton University Press, 2016), Markus Brunnermeier, Harold James et Jean-Pierre Landau montrent le poids des représentations dans les désaccords franco-allemands sur l'euro. Ils relèvent qu'avant la Seconde Guerre mondiale, la France était libérale et l'Allemagne interventionniste, mais qu'après 1945 chaque pays a redéfini sa philosophie économique, si bien qu'ils ont échangé les rôles.

Les conceptions de la politique économique qui prévalent de part et d'autre du Rhin s'ancrent ainsi dans des philosophies politiques aux antipodes l'une de l'autre. C'est à cause d'elles que les Français pensent décision quand les Allemands pensent règles, et qu'ils n'apportent pas les mêmes réponses aux mêmes questions.

Michael Burda, de l'université Humboldt, s'est récemment demandé pourquoi les économistes allemands ne parvenaient pas aux mêmes conclusions que leurs collègues (français, mais surtout pour lui anglo-saxons), alors qu'ils s'appuient sur les mêmes concepts, utilisent les mêmes méthodes et publient dans les mêmes revues[1]. Comme il le dit de manière imagée : ils font la cuisine avec les mêmes ustensiles. Et pourtant ils ne confectionnent pas les mêmes plats.

S'il en est ainsi, c'est d'abord parce que les économistes des deux pays ne raisonnent pas sur le même horizon temporel : parce que sa représentation implicite inclut un pouvoir supposé capable d'intervenir à chaque période pour traiter l'urgence du moment, un Français privilégie la capacité de réponse immédiate, quand un Allemand, qui se place dans le cadre d'un système de règles pérennes, se pose toujours la question des conséquences ultimes de telle ou telle décision, du précédent qu'elle peut créer et de ses effets sur les comportements futurs des différents

---

1. Voir Michael Burda, « Dispelling three myths on economics in Germany », VoxEU.org, 23 septembre 2015.

acteurs dans l'approche germanique : la question de l'aléa moral y est toujours centrale.

Ils n'ont pas non plus la même conception de leur rôle social : un économiste français s'imagine toujours peu ou prou en conseiller d'un prince bienveillant, mais son collègue allemand se voit en protecteur de la société contre les foucades du prince malfaisant. Français et Allemands diffèrent enfin sur leur appréciation des risques : là encore pour de très bonnes raisons historiques, les premiers, qui ont l'obsession du déclin, ne cessent d'appeler à l'action, quand les seconds, qui ont la hantise du désordre, ne redoutent rien tant que l'activisme sans principes. Les Français craignent avant tout la récession, quand les Allemands, qui gardent le souvenir des conséquences de l'hyperinflation des années 1920, s'effrayent dès que les prix augmentent.

Avec des conceptions à ce point différentes de la politique économique, il importe finalement assez peu que les ustensiles soient les mêmes : les plats n'ont pas la même saveur.

Burda avance une autre hypothèse qu'il faut examiner, et qui nous ramène au calcul des intérêts : quand les économistes germaniques brandissent l'aléa moral ou fustigent la mutualisation des risques, dit-il, ils défendent *in fine* l'intérêt national contre tous ceux qui voudraient résoudre leurs problèmes en puisant dans les poches des Allemands. Un peu comme les conceptions de l'école miasmatiste s'accordaient aux intérêts de la marine britannique, les modèles des économistes d'outre-Rhin serviraient, au fond, ceux de leur pays.

La thèse a certainement quelque vérité. Il suffit pour s'en convaincre de voir quelle ingéniosité peut être déployée en Allemagne pour présenter comme naturelle et inévitable l'apparition d'un excédent extérieur voisin de 8 % du PIB que d'autres, en Europe et ailleurs, regardent comme le symptôme d'un grave dysfonctionnement. Il est cependant difficile d'en faire une explication d'ensemble. Tout d'abord, et contrairement à une image très présente en France, l'Allemagne peine à rationaliser son rôle de puissance dominante du continent européen. Au contraire des États-Unis, qui ont théorisé leur *leadership*, Berlin ne se comporte ni ne se pense comme *hêgemôn* régional. Et, surtout, la lecture matérialiste ne fait pas disparaître la question : la difficulté vient précisément de ce que les intérêts, même s'ils sont légitimes, se mêlent à des représentations et à des valeurs. Trouver un accord avec l'Allemagne serait facile s'il ne s'agissait que de négocier des concessions réciproques comme on marchande sur le prix d'un tapis.

Le même type d'analyse peut être fait à propos des désaccords sur les politiques publiques. Parmi les multiples controverses dont la loi Travail de Myriam El Khomry a été l'objet, la plus fondamentale a sans doute porté sur l'article 2, qui vise à donner un rôle accru à la négociation d'entreprise plutôt qu'à la négociation de branche ou à la réglementation. Ses partisans y voient l'instrument d'une décentralisation de la régulation sociale et d'un renforcement du dialogue social au niveau de l'entreprise. Ses adversaires y lisent un affaiblissement de la protection que la loi garantit aux travailleurs, et mettent en garde contre l'utilisation qui va être faite de cette flexibilité en situation d'asymétrie entre employeurs et salariés. La question ici n'est pas non plus celle des ustensiles : on peut parfaitement décrire dans le même cadre conceptuel une situation d'équilibre et une situation d'asymétrie entre les deux parties. Le désaccord, au fond, porte sur la pondération accordée à ces deux configurations. Les partisans de l'article 2 font le pari d'un développement graduel du syndicalisme d'entreprise, ils raisonnent en moyenne et sur le moyen terme. Ses adversaires mettent en revanche l'accent sur des risques immédiats d'asymétrie avérée. L'opposition entre eux vient de la représentation qu'ils ont du fonctionnement du marché du travail (négociation entre deux parties ou domination du faible par le fort ?), de la valeur qu'ils accordent aux différents types de situations (doit-on juger une loi sur ses effets moyens, ou doit-on surpondérer les situations les plus néfastes aux plus défavorisés ?), et de l'horizon auquel ils se placent (le moyen terme, après que se seront créées les structures de négociation, ou tout de suite ?).

* *
*

Qu'ils viennent de divergences d'intérêts, de lectures du monde différentes, ou de préférences opposées, les désaccords sont essentiels au processus démocratique. Les sociétés humaines sont inévitablement génératrices d'antagonismes, ne serait-ce que parce que Hegel nous a appris que les identités, collectives comme individuelles, se construisent en s'opposant. La responsabilité du politique est inévitablement d'arbitrer les différends.

Les controverses sont également indispensables aux progrès de la connaissance. Sans le désaccord de Copernic, nous en serions toujours à voir le ciel avec les yeux de Ptolémée. C'est parce que la science s'alimente de multiples et incessantes discordes que la vérité fait son chemin.

Il semblerait donc qu'il n'y ait sur ce point nulle contradiction entre ce qu'il faut à la décision et ce qui est nécessaire à la connaissance. Et, pourtant, nous l'avons vu, nombre de désaccords, qu'ils proviennent de la divergence des intérêts ou de l'incohérence des représentations peuvent, s'ils ne sont pas maîtrisés, conduire à la paralysie, à l'erreur ou à l'échec.

Il y a donc des querelles utiles et d'autres qui conduisent à l'impasse. Des sociétés savent faire un usage productif de leurs discordes quand d'autres se laissent entraver par elles. La structuration de la controverse, sa gouvernance même, sont de ce point de vue essentielles. Ce que nous apprend l'expérience, c'est que l'organisation de la délibération contradictoire qui doit préparer ces choix n'est pas seulement un enjeu démocratique ni même un enjeu de connaissance : c'est une condition primordiale de la qualité et de l'effectivité des politiques publiques.

Troisième partie
Réponses

Après l'enquête que nous avons conduite dans la première partie de cet ouvrage et le diagnostic auquel a été consacrée la deuxième, voici venu le temps de réfléchir aux solutions.

L'ambition doit être définie d'emblée. Il ne s'agit évidemment pas d'offrir on ne sait quelle recette du succès perpétuel, permettant d'éviter l'erreur à coup sûr. Si elle n'est peut-être pas un art, la politique économique est au moins un savoir-faire. Les thuriféraires du « consensus de Washington » qui, dans les années 1990, avaient voulu promouvoir des recommandations valables pour tous et pour tous les temps ont appris à leurs dépens que le *one-size-fits-all* ne convient à personne. En politique économique, toute expérience est singulière et il n'y a pas d'apprentissage, pas de progrès sans erreurs et sans déconvenues. Comme l'a si joliment dit Churchill, le succès consiste à aller d'échec en échec sans perdre son enthousiasme.

Réduire la fréquence et la sévérité des erreurs, améliorer la qualité et la fiabilité des politiques économiques, cela peut sembler un objectif bien modeste. Il n'en est pas moins important, ne serait-ce que parce que chaque faute évitée représente un peu de souffrance sociale en moins. Il en va un peu comme des erreurs médicales : si on ne peut pas les éliminer, il est impératif de réduire leur fréquence et leur gravité.

Les problèmes auxquels il faut pour cela répondre ont fait l'objet des pages qui précèdent : ceux du contrôle des risques, de la gestion des temps, de la maîtrise de la complexité et du bon usage des désaccords. Bien entendu, la séparation entre ces diverses difficultés n'a pas d'autres vertus qu'analytiques. En pratique, elles se présentent toujours dans un bel enchevêtrement. Ce n'est donc pas en les prenant une à une que nous cheminerons vers des solutions, mais plutôt en repartant du cœur de la décision pour aller, par cercles concentriques, vers ce qui la détermine ou l'influence. Tel est l'objet des trois chapitres qui suivent.

Pour élaborer et conduire des politiques économiques moins sujettes à l'erreur, le premier chantier à ouvrir est celui de la pratique du pouvoir. C'est à lui qu'est consacré le chapitre 8. Nous y examinons comment améliorer les processus de décision, par la sélection des priorités et le choix des instruments. Nous formulons aussi des propositions pour une prise en compte plus raisonnée du risque dans la conception et la mise en œuvre des politiques publiques.

Dans le chapitre 9, nous élargissons le champ de la réflexion aux institutions dans le cadre desquelles s'opèrent les décisions. La question que nous y posons n'est plus « que faire lorsqu'on est au pouvoir ? », mais « quelle architecture institutionnelle adopter pour que ceux qui sont au pouvoir se fourvoient moins souvent ? ». Nous y proposons des réformes visant à donner à celles et ceux auxquels a été confiée la responsabilité de la décision politique la pleine capacité d'agir, et d'être jugés sur les effets de leurs actes.

Avec le chapitre 10, nous sortons du champ du pouvoir et de ses institutions pour nous intéresser à l'écosystème social et politique, et à la manière dont celui-ci influence les décisions publiques. Notre propos n'y est plus d'examiner le comportement du décideur ou l'architecture de la décision, mais la manière dont, implicitement ou explicitement, une société opère ses arbitrages sur les grandes questions qu'elle doit trancher. Nous y avançons des propositions pour des débats et des délibérations à la hauteur des choix collectifs qui se présentent à nous.

Chapitre 8

La culture du *kaizen*

Il y a deux types d'ingénieurs : ceux qui se consacrent à inventer ce qui n'existe pas, et ceux qui s'attachent à améliorer ce qui existe déjà. Les premiers, tels Gustave Eiffel ou Elon Musk, l'homme de Tesla, suscitent plus d'enthousiasme que les seconds, qui demeurent d'ailleurs le plus souvent inconnus. Mais c'est de ces derniers que nous attendons que nos trains arrivent à l'heure, que nos avions soient sûrs et que nos réfrigérateurs ne givrent pas.

Un pays incarne cette culture industrielle : le Japon. Ce n'est pas principalement en inventant qu'il s'est hissé au premier rang des pays avancés, mais en améliorant et en fiabilisant les produits inventés par d'autres. Katsuaki Watanabe, l'ancien président de Toyota, aimait à méduser ses interlocuteurs américains avec son slogan « non à l'innovation radicale ». C'était surtout une manière d'attirer leur attention sur le *kaizen*, la méthode d'amélioration incrémentale que les managers japonais ont mise au point et qu'ils opposent au *kaikaku* (le changement radical).

Comme l'industrie, la politique économique a régulièrement besoin de *kaikaku*. Les réformes partielles, on l'a vu, peuvent être contre-productives. Mais elle a aussi besoin de *kaizen*. Or les ressorts de l'un et l'autre sont bien différents. Une politique du *kaikaku* existe par l'engagement des leaders politiques, leur appétit pour les idées neuves et leur capacité à les mettre en actes. Une politique du *kaizen* repose sur la qualité et la fiabilité d'un ensemble de processus qui se déroulent largement en dessous du champ des radars et qui n'alimentent les politiques qu'*in fine*.

Définir l'espace du politique

« Tout est politique » : le slogan est ancien, mais il imprègne toujours les esprits. À chaque alternance, les candidats et leurs partis laissent croire que le pays va passer de l'ombre à la lumière, que tout ce qui paraît insupportable va être éliminé et que tout ce qui semblait impossible va devenir faisable. L'illusion dure généralement le temps d'un été, avant que le réalisme reprenne ses droits et qu'à l'épreuve des faits les nouveaux responsables se convertissent à des solutions qu'ils voulaient, ou disaient vouloir, combattre. Il n'y a pas meilleure manière de susciter la rancœur et, surtout, de dévaloriser la politique.

Ainsi oscillons-nous entre deux images également trompeuses du rôle du politique, qui voudraient, pour l'une, que le volontarisme puisse régner sans partage sur tout le spectre des choix collectifs et, pour l'autre, qu'il n'y ait, sur chaque sujet, qu'une seule orientation raisonnable.

Entre le « tout politique » et le « tout technocratique », il y a pourtant un espace : celui, précisément, du choix démocratique. En matière budgétaire, fiscale, sociale, dans la sélection des priorités de dépense, pour tout ce qui touche à la redistribution, dans le champ européen, dans les orientations pour la protection contre les risques de l'existence, pour ne citer que quelques domaines, diverses options sont possibles entre lesquelles on ne peut trancher que sur la base de préférences collectives et de visions de notre avenir commun, c'est-à-dire sur une base politique.

Le bon fonctionnement de la démocratie suppose qu'administrations et experts fassent l'inventaire des contraintes et délimitent l'espace des choix. Quel est le potentiel de croissance et comment peut-on l'améliorer ? Le pays a-t-il un problème de compétitivité et comment y remédier ? Quels efforts faut-il consentir pour respecter les objectifs de réduction des émissions de gaz à effet de serre ? Comment assurer le financement des retraites ? Le dynamisme économique se déplace-t-il vers les métropoles et quelles sont les conséquences à en tirer ? Poser ces questions ne relève pas au premier chef du politique. Plus tôt cet inventaire est dressé, mieux le débat peut s'en saisir, et meilleure peut être la qualité de la délibération collective à laquelle donnent lieu les échéances électorales nationales[1].

Ce qu'on attend en revanche de ceux qui aspirent à diriger le pays, c'est qu'ils définissent les problèmes, qu'ils hiérarchisent les questions, qu'ils énoncent les réponses qu'ils se proposent d'y apporter et qu'ils fixent les directions qu'ils entendent donner au pays. Parce que, comme nous l'avons vu, les ménages et les entreprises ne sont pas des automates qui répondent de manière immuable aux initiatives nouvelles, la politique économique est affaire d'impulsions avant d'être affaire de mesures. Les agents économiques, les fonctionnaires, les partenaires internationaux, les marchés financiers ont d'abord besoin de savoir quel diagnostic un dirigeant politique pose sur une réalité, quelle stratégie il compte adopter pour la transformer, et quel type de réponse on peut attendre de lui face aux aléas. Contrairement à ce que laisse croire le bréviaire technocratique, on gouverne une économie moderne par la parole au moins autant que par les dispositifs.

---

1. France Stratégie s'est attaché à y contribuer. Voir *2017-2027, enjeux pour une décennie*, sous la direction de Jean Pisani-Ferry et Fabrice Lenglart, La Documentation française, octobre 2016.

Faire le tri entre ce qui marche et ce qui ne marche pas

Rares sont les décisions publiques qui percent la barrière de l'indifférence. D'un président ou d'un Premier ministre, on se rappelle au mieux une douzaine de mesures : telle politique sectorielle, telle mesure fiscale, telle réforme sociale. Le reste n'a jamais beaucoup attiré l'attention de l'opinion, ou a sombré dans l'oubli. Et pourtant, au moins autant que de grandes initiatives, la politique économique est affaire d'innombrables microdécisions qui se traduisent par autant d'articles de loi ou de mesures réglementaires. Quand d'aventure on recense les dispositifs à l'œuvre, on est pris de vertige : en France, on compte par exemple 233 prélèvements sur les entreprises et pas moins de 62 dispositifs de soutien à l'innovation[1].

Combien de ces mécanismes sont-ils inutiles ou contre-productifs ? Comment savoir lesquels sont efficaces ? Il est aujourd'hui possible de répondre à ces questions de manière plus précise et fiable qu'hier. L'économie a, en effet, fait siennes les méthodes de test d'efficacité thérapeutique mises au point en médecine et les a adaptées aux politiques économiques. On peut tester des politiques, soit en

---

[1]. Voir Cour des comptes, *Simplifier la collecte des prélèvements versés par les entreprises*, juillet 2016, et Commission nationale d'évaluation des politiques d'innovation, *Quinze ans de politiques d'innovation en France*, France Stratégie, janvier 2016.

les expérimentant sur un échantillon de bénéficiaires potentiels (cela se fait parfois), soit, c'est plus fréquent, en les évaluant une fois qu'elles ont été mises en œuvre.

L'exercice demande du savoir-faire, mais il est devenu d'usage courant. Il consiste à comparer, au sein d'une population donnée (d'entreprises, ou de ménages par exemple), les entités qui ont été soumises à une mesure et celles, similaires, qui ne l'ont pas été[1]. Par exemple, on a pu déterminer l'effet de la taille d'une classe sur les résultats des élèves en utilisant le fait que, lorsque ceux-ci deviennent trop nombreux, l'Éducation nationale dédouble les classes : au lieu d'une classe de 32, les mêmes élèves se retrouvent ainsi dans deux classes de 16 chacune. Hormis l'effectif rien n'a changé, ni l'école ni les élèves, et l'on peut donc mesurer de combien les résultats se sont améliorés en comparaison des autres classes qui n'ont pas été dédoublées. Grâce à cette quasi-expérience de laboratoire, Thomas Piketty et Mathieu Valdenaire ont apporté un éclairage décisif sur une très vieille dispute quant à la taille des classes et montré qu'un ciblage des moyens sur les écoles primaires et les collèges des quartiers défavorisés aurait une forte incidence sur les résultats des élèves[2].

---

1. Ces méthodes ont notamment été mises au point par James Heckman, prix Nobel en 2000.
2. Voir Thomas Piketty et Mathieu Valdenaire, « L'impact de la taille des classes sur la réussite scolaire dans les écoles, collèges et lycées français », *Les Dossiers de l'enseignement scolaire*, n° 173, ministère de l'Éducation nationale, mars 2006.

L'exemple est instructif : ce que permet l'évaluation, c'est de substituer à des controverses de principe souvent indécidables (quelle est la bonne théorie ? quel est le bon modèle ?) des débats empiriques plus délimités (quels sont les effets de tel dispositif ?). Avec ces techniques, on peut donc déterminer dans beaucoup de domaines, de manière purement empirique, quelles politiques marchent ou ne marchent pas. Il y faut des données très fines (il ne s'agit pas, par exemple, de mesurer l'effet d'un dispositif sur le chômage total, mais sur les individus et leur probabilité de retrouver un emploi), du temps (on n'observe les pleins effets d'une mesure qu'après plusieurs années, auxquelles s'ajoutent les délais de recueil et de traitement des données) et de la méthode (les techniques mises en œuvre pour dépister les fausses corrélations sont très pointues).

Ces procédés ne sont pas infaillibles, ils ne sont pas utilisables pour tester toutes les politiques, et il faut donc se garder de toute illusion positiviste. Il n'y a pas, d'un côté, des certitudes éclairées par la science et, de l'autre, les ténèbres de l'obscurantisme. Quelle que soit la rigueur des analyses, elles suscitent inévitablement le débat et il est bon qu'il en aille ainsi. Et il ne suffit pas, pour trancher un différend, qu'un travail d'évaluation ait été publié dans une grande revue internationale : la connaissance, en matière de politiques publiques, résulte d'une multiplicité d'interactions répétées entre experts et praticiens, qui aboutit à rapprocher les regards des uns et des autres et à faire émerger un diagnostic sur la base duquel conduire une action[1]. Il demeure que les méthodes de quasi-expérience ont fait faire de grands progrès à l'analyse et permettent d'objectiver certains débats. Par-delà l'évaluation elle-même, il importe aussi, et cela ne va pas de soi, d'assurer une bonne articulation avec la décision. Même s'il s'abstient généralement d'interférer dans le travail de recherche, le commanditaire détient un pouvoir d'influence tant qu'il conserve le choix des politiques à évaluer, du périmètre exact des études, ou des données auxquelles il donne accès. Un ministère peut ainsi être tenté de faire scruter telle subvention qu'il sait plutôt efficace et pas telle autre, qui fait des heureux mais ne contribue guère aux objectifs collectifs. À l'inverse, si c'est la direction du Budget qui commandite les travaux, elle va avoir tendance à cibler ce qui coûte cher, par souci d'économies pour les finances publiques. Quant au ministre lui-même il va, pour pouvoir présenter rapidement un bilan et répondre des résultats des politiques qu'il a initiées, presser d'examiner ce qui vient d'être mis en place, quand bien même on ne dispose pas encore du recul nécessaire.

---

1. Nous différons sur ce point des analyses de Pierre Cahuc et André Zylberberg dans *Le Négationnisme économique*, Flammarion, 2016. Sur le rôle de la recherche économique dans les institutions de politique publique, les observations les plus pertinentes ont été faites par Angus Deaton, Abhijit Banerjee, Nora Lustig et Ken Rogoff dans un rapport de 2006 pour la Banque mondiale, *An Evaluation of World Bank Research, 1998-2005*.

Plusieurs choix sont possibles. Du fait de son pouvoir de contrôle, le Parlement est un candidat naturel à l'organisation de l'évaluation. Mais cela suppose qu'il veille à son objectivité et porte attention à ses résultats, ce qui n'est guère le cas en France où l'essentiel de l'influx politique est consacré aux nouvelles lois, tandis que faire le bilan de celles du passé n'intéresse pas grand monde – comme l'illustre le peu d'intérêt accordé aux lois de règlement, par lesquelles se clôt chaque exercice budgétaire.

En Suède, l'évaluation des politiques de l'emploi et de l'éducation appartient à un institut public indépendant, qui a toute liberté pour décider de son programme de travail. Aux États-Unis, une autre formule est à l'œuvre : certains ministères se sont dotés d'un *chief evaluation officer* interne qui a accès à toutes les informations, choisit librement sur quoi il travaille, publie ses résultats en toute indépendance et n'en réfère qu'au ministre.

En France, la culture de l'évaluation progresse, mais son organisation est encore confuse. Celle-ci est rarement prévue par la loi qui crée une disposition nouvelle, comme cela a été le cas pour le crédit d'impôt pour la compétitivité et l'emploi (CICE). Elle se fait donc à l'initiative des équipes de recherche, au sein des ministères ou en dehors, parfois en fonction des données mobilisables, ou de l'intérêt des chercheurs, ce qui n'est pas optimal. Différents organismes publics (SGMAP, Cour des comptes, corps d'inspections des ministères) produisent par ailleurs des rapports d'évaluation (mieux vaudrait dire, à la manière anglaise, d'*assessment*) qui ont le plus souvent un caractère général et ne recourent pas aux techniques précédemment décrites.

Il reste du chemin à parcourir pour que l'évaluation éclaire les responsables politiques, alimente le débat public, et permette que les politiques publiques soient davantage fondées sur des faits. Pour cela, il faut d'abord faire de l'évaluation un réflexe et une méthode, notamment en développant l'usage des *sunset clauses* (clauses d'extinction) qui prévoient qu'un texte de loi est caduc au terme d'un certain délai si le dispositif concerné n'a pas fait l'objet d'une évaluation. Cela n'empêcherait pas les mauvaises idées de se traduire en actes, mais cela permettrait au moins que ce ne soit que pour une durée limitée. Il serait également raisonnable de prévoir, pour tout dispositif nouvellement créé, un budget d'évaluation qui permette d'en mesurer finement les effets. Il y va du bon usage des ressources, de l'efficacité de l'action publique et de la transparence démocratique.

Enfin, nous pourrions faire une plus grande place à l'expérimentation, qui est encore peu utilisée (même si elle se développe, par exemple récemment sur la garantie jeunes). Depuis 2003, la Constitution le permet et rien ne remplacera jamais, aux yeux des citoyens, la comparaison directe entre deux situations locales. Expérimenter, par exemple, et pour une période donnée, des mesures controversées en matière de logement ou d'accompagnement des demandeurs d'emploi, en faisant en sorte que les matériaux d'une évaluation objective puissent être réunis, aiderait à trancher des questions controversées, sur lesquelles il est impossible de se prononcer *a priori*.

SAVOIR CE QU'ON NE SAIT PAS

« Ce n'est pas à ce que nous savons, mais à ce que nous ne savons pas que nous devons toujours porter attention pour éviter les défaillances majeures, les catastrophes et les paniques. » Cette phrase du grand physicien Richard Feynman nous met en garde contre l'illusion scientiste. Quels que soient les progrès de la connaissance, beaucoup reste incertain ou même inconnu.

Pour qui n'est pas prix Nobel, pourtant, il est toujours difficile de dire qu'on ne sait pas. L'expert craint de démonétiser sa science, le fonctionnaire de faire douter de son utilité et le politique de paraître indécis ou incompétent. Le résultat est qu'on prétend trop souvent savoir quand en réalité on ne sait pas.

Le cas du salaire minimum illustre bien cette question. Il n'est pas très difficile de montrer qu'un niveau trop bas est défavorable à l'emploi, parce qu'un travail insuffisamment rémunérateur n'attire pas et qu'un revenu trop faible des salariés ne favorise pas la consommation. Des travaux américains ont par exemple montré que les villes ou les États qui ont fixé le salaire minimum au-dessus du niveau (fort bas) imposé par la législation fédérale n'ont pas perdu en emploi[1]. Mais un niveau trop élevé de ce même salaire minimum nuit à l'emploi, parce qu'il décourage les entreprises de recruter des personnes faiblement qualifiées. On a pu montrer, au début des années 2000, que les « coups de pouce » au Smic accroissaient la probabilité de chômage pour les salariés les moins qualifiés[2]. Augmenter le salaire minimum peut donc être favorable à l'emploi (s'il est faible), neutre (dans une zone intermédiaire) ou défavorable (s'il est élevé).

Ce qu'on ne sait pas avec précision, en revanche, c'est à quel niveau de salaire les effets négatifs commencent à l'emporter sur les effets positifs, ni surtout de quoi dépend ce niveau. Les gouvernements sont donc amenés à tâtonner : l'Allemagne a introduit en 2015 un salaire minimum à 8,50 euros de l'heure, sans que l'emploi paraisse en souffrir pour l'instant (contrairement à ce qu'avaient annoncé de nombreux économistes) ; le Royaume-Uni a, quant à lui, annoncé un nouveau *living wage* pour les plus de 25 ans, et a programmé une hausse substantielle pour les années à venir ; aux États-Unis, faute de

---

1. Voir en particulier l'article de David Card et Alan Krueger qui a relancé le débat à partir de l'étude de l'effet de la hausse du salaire minimum au New Jersey : « Minimum Wages and Employment: A Case Study of the Fast-Food Industry in New Jersey and Pennsylvania », *The American Economic Review*, 84(4), septembre 1994.
2. Voir Francis Kramarz et Thomas Philippon, « The Impact of Differential Payroll Tax Subsidies on Minimum Wage Employment », *Journal of Public Economics*, 82(1), pp. 115-146, 2001.

majorité au Congrès, ce sont les villes et les États qui sont à la manœuvre. En France, le consensus depuis une dizaine d'années est qu'il faut s'abstenir d'aller au-delà des revalorisations automatiques du Smic.

Ce ne sont pas des évaluations économétriques *a priori* qui diront si le salaire minimum est à un niveau qui pénalise ou non l'emploi. Ce sont l'expérimentation et l'épreuve de la réalité, et cela demande de la part des responsables du jugement et une capacité à tirer les leçons de l'expérience. C'est pourquoi il est utile que les décisions de revalorisation du salaire minimum prennent appui sur les avis d'une commission dédiée, comme c'est aujourd'hui le cas dans beaucoup de pays, y compris la France.

Malheureusement, cependant, le débat sur le Smic est trop dépourvu de pragmatisme. Toute interrogation sur son niveau, sur son mode de fixation, ou sur une différenciation par âge, est bannie du débat politique et social. Alors que nous sommes de grands ignorants, nous faisons comme si nous savions. Nous nous refusons à des expérimentations locales, qui permettraient par exemple de déterminer quels effets produirait un Smic plus bas pour les moins de 25 ans. Ce n'est pas comme cela qu'on apprend, et qu'on évite de se tromper.

On se rappelle la supplique dans laquelle Bertolt Brecht avait conjuré le parti communiste d'Allemagne de l'Est de bien vouloir dresser la liste des questions dont il ne possédait pas la réponse. En matière économique et sociale, il serait utile que nous nous soumettions régulièrement à cet exercice.

Opter pour des prévisions prudentes

Depuis dix ans, dans la plupart des économies, la croissance a nettement ralenti. Ce n'est pas seulement l'effet du choc de 2008 et des contrecoups qui l'ont suivi, mais plus profondément d'un ralentissement du progrès technique. Dans les années 1960 la productivité du travail augmentait de 4 % par an dans les économies avancées, dans les années 1980 on était à 2 %, depuis dix ans la tendance est de 1 %. Comme dans le même temps le rythme d'accroissement de la population active a lui aussi ralenti, le potentiel de croissance s'en trouve fortement affaibli. Pour la première fois depuis les années 1930, le spectre de la stagnation plane sur le monde.

Ce constat est paradoxal, car dans le même temps l'impact du numérique sur nos organisations productives ne cesse de s'amplifier, démentant les prédictions les mieux étayées. Comme le rappellent Erik Brynjolfsson et Andrew McAffee, tous deux du MIT, dans *Le Deuxième Âge de la machine*, les meilleurs spécialistes de l'intelligence artificielle jugeaient il y a dix ans qu'il n'y avait pas, à vue humaine, de perspective crédible pour un véhicule autonome sans chauffeur. Il en circule cependant aujourd'hui sur les routes de Californie, à Pittsburgh où Uber a lancé un service expérimental de taxis automatiques, et même à Lyon. Chacun voit bien que la révolution ne s'arrêtera pas là. Pour les années à venir, ce sont non seulement les conducteurs dont l'emploi est menacé, mais aussi les comptables ou les radiologues. Tout autour de nous se préparent des bouleversements d'une ampleur inédite.

Que faire de ce paradoxe ? Faut-il projeter que l'avenir sera à l'image du passé récent, ou qu'au contraire la croissance va de nouveau accélérer ? La question est cruciale pour l'équilibre des retraites ou les politiques climatiques. Le débat est vif parmi les économistes, entre les techno-pessimistes emmenés par Robert Gordon, un professeur de Northwestern University qui a consacré sa vie à l'étude de la croissance et met en garde contre une surestimation des effets du numérique, et les techno-optimistes comme Brynjolfsson. En attendant que les faits les départagent, cependant, il faut bien décider sur quelle base établir les projections qui serviront à fixer les orientations pour les retraites ou la transition énergétique.

Face à un dilemme de ce type, la bonne attitude est la prudence : mieux vaut ne pas anticiper que c'est la croissance qui résoudra nos problèmes d'équilibre des retraites ; et ne pas supposer à l'inverse que c'est la stagnation qui nous permettra de réduire nos besoins énergétiques.

Ce principe de prudence peut se décliner dans toute une série de domaines. En 2010 il aurait, par exemple, conduit à ne pas surestimer la capacité des économies européennes à résister à un ajustement budgétaire important. À la même date, il aurait mis en garde contre l'idée que la Grèce allait pouvoir s'extirper de son endettement par un improbable rebond de la croissance. C'est pourtant bien souvent l'opposé qui se pratique : nombre de gouvernements, dans le monde, ont fait ces « paris de résurrection » petits ou grands qui jouent la réussite d'une politique sur l'accumulation d'aléas favorables. Bien peu ont été couronnés de succès.

La France a longtemps attendu avant d'adopter ce principe. Pendant des années, elle a systématiquement transmis à Bruxelles des projections de finances publiques gagées sur des prévisions trop optimistes. La création, en 2013, du Haut Conseil des finances publiques – conformément au traité budgétaire européen – oblige désormais le gouvernement à soumettre ses projections à un avis indépendant. L'effet a été immédiat : un gouvernement trop optimiste s'expose illico à un démenti public[1].

Reste à appliquer la même discipline aux autres domaines, comme le chiffrage des coûts et des effets attendus des nouvelles mesures. Il est facile, pour justifier par exemple la mise en place d'un nouveau dispositif d'aide sociale, ou d'un nouvel allégement d'impôts, d'en sous-estimer les coûts et d'en gonfler les bénéfices. Les études d'impact, qui accompagnent obligatoirement toute nouvelle loi, visent généralement à défendre et illustrer la position du gouvernement plus qu'à en présenter une vision critique. Une contre-expertise systématique et rigoureuse portant sur les principaux projets et propositions de loi permettrait d'objectiver les controverses, de fournir des

---

1. L'un des auteurs de ce livre a été brièvement membre du Haut Conseil des finances publiques, au premier semestre 2013.

éléments d'appréciation aux débats parlementaires, et d'éviter ainsi bien des déconvenues ultérieures[1]. Ils gagneraient en outre à être ajustés quand le texte de loi évolue au fil des amendements au Parlement.

Savoir changer d'avis

Mettre en œuvre le principe de prudence ne va cependant pas toujours de soi, car, comme nous l'avons vu au chapitre 4, on peut se tromper de plusieurs manières. La question domine aujourd'hui les débats sur la politique de la Banque centrale européenne : pour ses détracteurs, elle en fait trop au nom de la lutte contre la déflation et risque, à force d'initiatives répétées conduites au nom de la stabilité, de déstabiliser complètement les marchés financiers. Pour ses défenseurs, au contraire, elle a raison de réagir avec vigueur au risque de déflation, parce que si celle-ci s'installe, il sera extrêmement long et pénible d'en sortir. Autrement dit, chacun des deux camps enrôle la prudence pour sa défense.

La question est ancienne : que faire quand on n'est pas sûr ? La réponse usuelle est : observer et attendre d'en savoir plus : c'est la valeur d'option de l'attente, évoquée au chapitre 5. Le conseil n'est cependant pas toujours applicable, car beaucoup de décisions

---

1. Aux États-Unis, le Congressional Budget Office est à la disposition des parlementaires pour chiffrer les conséquences d'éventuelles initiatives des membres du Congrès.

ne peuvent pas attendre. Si la récession, l'inflation ou la crise financière menacent, attendre, c'est bien souvent se préparer à perdre la bataille.

Milton Friedman, le père de l'école libérale de Chicago, avait donné une autre réponse, qui marque aujourd'hui encore les débats : si l'on n'est pas sûr de son modèle, avait-il dit, il faut en faire moins. Si l'on ne sait pas à coup sûr si la réponse qu'on s'apprête à donner est bonne ou mauvaise, il faut qu'elle soit moins forte[1]. Le précepte est dans une certaine mesure une déclinaison du principe de prudence, et il inspire aujourd'hui encore les réactions allemandes aux recommandations de relance keynésienne qu'ils perçoivent souvent comme de l'activisme brouillon.

Le problème est que la réponse de Friedman ne vaut que sous certaines conditions. Lorsque la structure de l'incertitude est complexe, et notamment lorsque peuvent apparaître des « cygnes noirs », la prudence ne consiste pas à faire moins mais à faire plus : à répondre aux événements de manière plus agressive qu'on ne le ferait normalement pour prévenir la matérialisation de risques extrêmes[2]. C'est bien ce que disent aujourd'hui Mario Draghi et ses collègues.

---

1. Voir Milton Friedman, « The effects of a full-employment policy on economic stability : A formal analysis », in *Essays in Positive Economics,* The University of Chicago Press, 1953.
2. Voir notamment Thomas Sargent, commentaire de « Policy rules for Open Economies » de Laurence Ball, in *Monetary Policy Rules,* sous la direction de John Taylor, University of Chicago Press, 1999.

Le principe de prudence est donc plus ambigu qu'il n'y paraît au premier abord, car il peut conduire à agir très différemment selon les circonstances : avec modération en temps normal, ou avec agressivité face aux risques d'accidents majeurs. Cela plaide pour des scénarios contingents à différents états du monde, pour ne pas négliger d'avoir des « plans B » pour le cas où le « plan A » serait démenti.

La difficulté pour les responsables est que la logique du combat politique et celle de la communication les conduisent bien souvent aux antipodes de ce pragmatisme. Pour rallier leurs soutiens et faire passer leur message, ils sont facilement conduits à s'identifier à une vision unilatérale des mécanismes économiques : par exemple, à se présenter toujours et partout comme avocats de l'activisme budgétaire ou, au contraire, comme partisans de la sagesse. Or ces identités – qui ne sont pas nécessairement des convictions, mais le deviennent par la force de l'habitude – fonctionnent parfois comme des prisons lorsqu'il faut répondre à l'imprévu.

Savoir changer d'avis quand la réalité l'exige est pourtant essentiel. Pour qu'à rebours des tabous qu'ils avaient eux-mêmes installés un Nixon aille rendre visite à Mao ou qu'un Schröder réforme le marché du travail, il a fallu du courage, et de la force de conviction. C'est un des signes auxquels on reconnaît un homme ou une femme d'État.

Stress-tester les politiques publiques

Le film *Margin Call*, de J. C. Chandor, raconte la découverte, par un directeur des risques consciencieux (et pourtant frappé par un licenciement) d'une banque d'investissement de Wall Street, de ce que l'évolution du marché financier place sa banque en situation de faillite virtuelle. Ce qui saisit le spectateur, dans ce récit haletant, est la soudaineté de la découverte, dont les dirigeants de la firme n'avaient apparemment aucune conscience. Tout allait bien, jusqu'à ce que des calculs – complexes – révèlent qu'elle est menacée de mort violente à brève échéance. Depuis 2007, de nombreux établissements financiers ont vécu ce scénario. Mais aussi quelques États. L'Irlande, à l'été 2008, était en équilibre budgétaire, sa dette publique représentait moins de 25 % du PIB, et le gouvernement était si confiant en la solidité des finances publiques que le premier ministre Brian Cowen n'allait pas hésiter, au lendemain de la chute de Lehman, à garantir l'ensemble des dettes des banques du pays. Deux ans plus tard, l'endettement public dépassait 80 % du PIB et l'Irlande faisait appel à l'assistance financière du FMI et de l'Union européenne. Quatre ans plus tard, en 2012, il atteignait 120 % du PIB. Entre-temps, Dublin était passé tout près de la faillite.

Les banques, aujourd'hui, n'ont plus droit à l'insouciance. Les régulateurs leur ont imposé des ratios de capital et de liquidité renforcés en sorte qu'elles puissent absorber des chocs importants sans avoir à recourir à l'aide publique, et ils exigent d'elles qu'elles se soumettent régulièrement à des *stress tests* pour évaluer leur capacité de résistance à des situations particulièrement défavorables.

Mais les États ne se soumettent pas à la même discipline. Quelles seraient les conséquences d'un effondrement chinois ? Combien coûterait au budget une nouvelle crise bancaire d'ampleur ? Quelles seraient les implications d'une brutale aggravation du réchauffement climatique ? Des exercices techniques ont bien entendu été conduits pour répondre à ces questions, ou au moins à certaines d'entre elles, mais elles ne font pas partie du débat public et les gouvernements ne définissent pas leur action en fonction d'elles[1]. Aucun candidat ne prône devant les électeurs la constitution de réserves pour les temps difficiles. Tout se passe, au quotidien, comme si l'on pouvait faire abstraction des événements extrêmes et se borner à réfléchir d'une manière quasi déterministe.

Parce que leur métier est de répondre au risque, les pompiers, les forces de sécurité et les hôpitaux raisonnent sur des cas extrêmes. Nous gagnerions à étendre cette saine discipline à l'ensemble des politiques publiques, à pratiquer de tels *stress tests*, et à assigner à nos politiques économiques des objectifs de résilience, non seulement en situation normale mais en situation de difficultés aiguës. Cela condui-

---

1. Le FMI, notamment, conduit régulièrement des analyses de soutenabilité de la dette qui incluent certaines variantes défavorables.

rait, par exemple, à prévoir ce que l'on fera si la réalité ne suit pas le chemin attendu, et à se donner des marges de manœuvre suffisantes pour réagir dans différents scénarios.

Une méthode pour le quinquennat

Un gouvernement qui prend les commandes aux lendemains d'une élection dispose d'un capital politique qu'il doit faire fructifier sur une période courte en vue d'aboutir à des résultats visibles, au plus tard à temps pour l'élection suivante. Or, nous l'avons vu au chapitre 5, les réformes économiques et sociales commencent souvent par pénaliser la croissance ou l'emploi, particulièrement lorsque le contexte macroéconomique de départ est défavorable. Même lorsqu'elles recueillent une certaine adhésion de l'opinion – et *a fortiori* quand ce n'est pas le cas – elles sont donc, dans un premier temps, politiquement coûteuses.

Il y a deux stratégies possibles pour résoudre cette équation. La première est d'investir le capital politique acquis par l'élection dans des réformes éventuellement impopulaires, mais qui porteront effet avant la fin du quinquennat. La seconde est de convaincre pas à pas de l'utilité des mesures de transformation en commençant par celles qui produisent des effets positifs à court terme et en allant graduellement vers des réformes à plus longue portée.

Le choix entre l'une et l'autre stratégie dépend bien évidemment des conditions de l'accès aux responsabilités : la première est surtout envisageable lorsque l'élection a confié au nouveau pouvoir un mandat pour agir, ou bien que la révélation d'une situation plus dégradée que prévu justifie le recours à des décisions douloureuses ; la seconde n'est accessible que lorsque la situation permet de surseoir aux mesures impopulaires. Mais l'une comme l'autre requièrent en fait beaucoup de doigté. Dans les deux cas, en effet, il faut maîtriser à la fois le temps et la complexité, et pour cela exploiter les complémentarités entre réformes en sorte de maximiser le rendement du capital politique investi, séquencer l'ouverture des chantiers successifs, et gagner la confiance de l'opinion en annonçant le calendrier des effets attendus. Il peut être utile, de surcroît, d'envisager un accompagnement macroéconomique – budgétaire notamment – qui permettra de compenser d'éventuels effets négatifs de court terme.

Programmer de la sorte les actions requiert une méthode précise, dont nous avons vu qu'elle a souvent fait défaut. On ne compte pas les gouvernements qui ont gaspillé leur capital politique dans des réformes improductives, ou ont engagé des mesures à longue portée à une date à laquelle ils ne pouvaient plus espérer en voir les effets. La difficulté est la même dans toutes les démocraties et, nous l'avons dit, elle n'est pas particulièrement aiguë en France, en comparaison de pays où le mandat des dirigeants est plus court, ou l'instabilité politique plus grande.

En revanche, la brièveté du délai qui sépare chez nous l'élection de la prise de fonctions ne permet guère que l'élaboration de stratégies construites se fasse après l'élection. C'est une raison supplémentaire pour définir une méthode robuste dès la campagne électorale.

En un quinquennat on peut toucher à tout, ou bien mener à bien un nombre limité de transformations d'ampleur qui définissent les règles du jeu pour plusieurs décennies. Parce que les gouvernements, de gauche comme de droite, que nous avons connus depuis plus de trente ans n'ont pas jugé possible d'entreprendre des réformes systémiques, ils ont tous préféré la méthode des petits pas. Outre les cinquante réformes du marché du travail en moins de quinze ans déjà citées, nous avons par exemple vécu cinq réformes des retraites en vingt ans et trois réformes de la formation professionnelle en dix ans. Explicable sans doute, le recours à cette méthode n'induit cependant ni efficacité ni légitimité. Il n'aboutit pas à la définition de règles du jeu claires et pérennes, il désoriente les acteurs économiques, il ne permet pas d'exploiter les complémentarités et il ne réduit pas la complexité.

Mieux vaudrait que ceux qui se préparent à gouverner le pays commencent par établir le diagnostic à partir duquel ils définiront les priorités sur lesquelles investir leur capital politique. Le but devrait être, dans un petit nombre de domaines prioritaires, d'établir des règles du jeu stables. Enfin, il faudrait qu'à titre de discipline, et sauf urgence, ils s'interdisent, sur la durée d'une mandature, de revenir devant le Parlement pour réviser ce qui a déjà été décidé. On ne peut pas tout faire en un quinquennat. Il importe de choisir ce qu'on veut faire, et le faire bien.

* *
*

Chacune des initiatives avancées dans ce chapitre peut sembler modeste, minuscule parfois, mais c'est de leur combinaison que peuvent naître les progrès. Nous avancerions déjà sensiblement si nous savions séparer ce qui est de nature politique de ce qui ne l'est pas, faire le tri entre ce qui marche et ce qui ne marche pas, expérimenter, déterminer ce que nous ne savons pas, miser sur la prudence en matière de prévisions et de chiffrages, si nous étions capables de changer d'avis quand les conditions l'exigent, si nous soumettions les politiques publiques à des *stress tests* aussi exigeants que ceux auxquels nous soumettons les banques, et si nous acceptions que, sur une mandature, on ne peut mener à bien qu'un petit nombre de chantiers.

Autant le dire sans ambages : il n'est pas facile d'attirer l'attention des dirigeants politiques sur ces enjeux. Pour un Thierry Mandon qui diagnostique le grippage de notre machine à fabriquer la décision publique et s'interroge sur les voies de sa rénovation, nombreux sont les dirigeants qui méprisent le *kaizen* et sous-estiment l'importance des rouages qui assurent la transmutation de la volonté politique.

Chapitre 9

Incitatus ou César ?

L'empereur Caligula vouait une telle passion à son cheval Incitatus qu'il lui donna un palais, lui attacha des esclaves et voulut même le nommer consul. Le cheval de Caligula est resté dans les mémoires comme le symbole d'un pouvoir à ce point absolu qu'il n'est pas même borné par ce que dicte la raison.

Pour beaucoup de citoyens, l'essence du pouvoir est effectivement sa faculté de procéder à des choix discrétionnaires. Les ministres aiment à dire « j'ai décidé » et, sous la Ve République, la geste présidentielle est soigneusement mise en scène en sorte de représenter la capacité qu'a le chef de trancher.

En réalité, cependant, le champ de la décision discrétionnaire est restreint. Conseil constitutionnel, Conseil d'État, collectivités territoriales, paritarisme, autorités indépendantes, Union européenne, organisations internationales : la liste est longue de ce qui lui fixe des bornes. Nombreux d'ailleurs sont les ministres qui, peu après avoir pris leurs fonctions, se lamentent de ne disposer ni de la liberté de décision ni des instruments de l'action.

Entre l'image fantasmée du pouvoir absolu et la réalité, il y a donc un hiatus. C'est lui que nous avons rencontré en cherchant à déterminer quand telle ou telle erreur avait été commise : pour la faillite de Lehman comme pour la consolidation budgétaire européenne ou même pour le chômage, la défaillance est intervenue plus tôt ou la faute a été commise par d'autres. Difficile d'identifier une personne qu'on puisse tenir pour la responsable.

Qui décide ?

L'intuition qu'il est illusoire de vouloir isoler les choix fatidiques est à la racine de l'économie politique moderne. Celle-ci regarde la décision publique, non comme le produit d'un choix souverain, mais comme le résultat d'un processus façonné par des institutions. Comme l'écrivait en 1975 James Buchanan, le père du *public choice*, « il n'y a pas de personne unique, de décideur unique, qui maximise [l'utilité] pour l'économie ou pour la collectivité (*polity*). [...] Ce qui émerge est ce qui émerge[1] ». Autrement dit : ne cherchons pas qui décide, mais déterminons quelles forces et quelles contraintes font que les décisions sont ce qu'elles sont. Attendons moins du génie du décideur, et davantage de l'archi-

---

1. Voir James Buchanan, « The Contractarian Paradigm for Applying Economic Theory », *The American Economic Review*, vol. 65 (2), pp. 225-230, 1975.

tecture du système de décision. Et par voie de conséquence : cessons de croire que nous allons résoudre les problèmes en changeant les têtes ; si nous voulons de bonnes politiques, mettons en place de bonnes institutions aptes à prévenir, à détecter et à corriger les aberrations inhérentes aux choix individuels.

Cette diffraction du pouvoir est-elle une sécurité ou une entrave ? Permet-elle d'éviter les erreurs ou pousse-t-elle à les commettre ? Cette question s'est posée quand nous avons examiné la complexité et les discordes. Elle est fondamentale et traverse toutes les réflexions contemporaines sur la robustesse des méthodes de gouvernance. Pour certains, mieux vaut s'en remettre à un César élu, duquel tout procède et qui porte, devant le peuple, la responsabilité des échecs comme des succès. Pour d'autres, c'est paradoxalement de la possibilité d'être gouvernés par un Incitatus qu'il nous faut attendre notre salut : autrement dit d'un mode de décision qui, de comité en procédure, et d'autorité indépendante en règle, façonne les choix jusqu'à rendre secondaire l'identité du décideur ultime.

Ces deux caricatures sont évidemment aussi trompeuses l'une que l'autre. Ce n'est ni d'un pouvoir absolu ni d'un pouvoir impuissant que nous devons attendre protection contre les erreurs, c'est d'un mode de gouvernance qui débarrasse les décideurs de ce qu'ils ne savent pas faire et les munissent des moyens d'accomplir ce qu'eux seuls savent faire.

Choisir quelles décisions il ne faut pas avoir à prendre

Un Premier ministre est responsable de tout. Chaque année, ses conseillers organisent un bon millier de réunions interministérielles – un record a été établi en 2011, à 1 589 – pour fixer la position du gouvernement sur tous les sujets imaginables, petits et grands. Typiquement, deux ministères défendent des positions opposées et Matignon tranche.

Il est cependant des choix qu'il vaut mieux ne pas avoir à trancher. Lorsqu'il était Premier ministre, Laurent Fabius en a fait douloureusement l'expérience après qu'un de ses conseillers a décidé en 1984 d'arbitrer entre santé publique et politique industrielle, ce qui a conduit à retarder l'homologation des tests américains de dépistage du sida pour permettre aux tests français de finir d'être mis au point. L'affaire du sang contaminé est née d'une décision qui, parce qu'un responsable politique prend inévitablement en compte un ensemble de critères, n'aurait jamais dû être soumise au Premier ministre. Il aurait fallu – c'est ce qui s'est mis en place ensuite – convenir *a priori* qu'une telle décision doit être prise indépendamment par la Haute Autorité de santé, sur la base de critères strictement sanitaires.

Des décisions de ce type, il y en a légion : en matière de santé, de sécurité alimentaire, de sûreté nucléaire, mais aussi de protection des droits ou encore de concurrence et de régulation des marchés financiers et, bien sûr, de politique monétaire. Dans tous ces domaines, le Parlement a décidé de retirer le pouvoir de décision au politique afin que les choix s'effectuent sur la base de critères explicites et volontairement limités.

On entend souvent qu'il y a trop d'autorités indépendantes et que leur multiplication limite à l'excès la capacité de décision du politique. Peut-être est-on allé trop loin ici ou là. Mais il ne faut pas regretter le mouvement par lequel, depuis une trentaine d'années, le pouvoir s'est lié les mains en acceptant qu'en certaines matières, la décision ne doit pas lui revenir. Loin de constituer une atteinte à la démocratie et à la responsabilité, les autorités indépendantes protègent l'une et l'autre du risque de conflit d'intérêts. Et si elles-mêmes peuvent bien entendu faire erreur, c'est sur la base du mandat qui leur a été confié qu'elles doivent rendre des comptes et être jugées.

Recentrer le pouvoir

Dans la plupart des pays, les ministres sont dotés d'une administration à la fois chargée de concevoir les politiques et de les mettre en œuvre. L'Éducation nationale définit l'organisation de l'enseignement, elle fixe les programmes, et elle gère aussi bien les établissements que les professeurs. Le ministère des Finances, quant à lui, définit les différents impôts et se charge de les prélever. L'ensemble relève du ministre, qui est donc responsable de tout ce qui se passe à chaque instant dans son administration.

Le résultat est que le pouvoir est encombré d'une multitude de décisions minuscules qui, dans une organisation pyramidale, remontent au sommet. Chaque soir, des dizaines de parapheurs s'accumulent sur le bureau du directeur de cabinet qui doit, en général tard dans la soirée, en faire le tri pour déterminer ce sur quoi il peut statuer lui-même, et ce qu'il doit soumettre au responsable politique. C'est ainsi que le régime de retraite des ministres des cultes peut lui demander beaucoup plus de temps et d'énergie qu'on ne pourrait l'imaginer. Ce n'est pas ainsi que les organisations bien managées prennent des décisions.

En Suède, l'administration centrale se limite à 5 000 personnes, dont la responsabilité est de concevoir les politiques publiques. Toute la gestion est déléguée à des agences, qui emploient plus de 95 % des effectifs : l'une d'entre elles est par exemple chargée de piloter les lycées publics, une autre de prélever les impôts. Les responsables de ces agences sont nommés pour six ans par le gouvernement, qui leur fixe une feuille de route et leur alloue un budget, dont elles disposent librement. La Constitution leur garantit une pleine autonomie de gestion – cela protège les ministres de la tentation du micromanagement – et même une totale liberté de communication. Les directeurs d'agence sont ainsi des personnages publics, que l'opinion tient pour responsables de la qualité de leur gestion, un peu comme elle le fait en France du patron de la SNCF. Les ministres, quant à eux, se consacrent à la préparation des nouvelles initiatives législatives et à la stratégie.

Les traditions, bien sûr, ne sont pas les mêmes. Et la distinction entre politique et gestion n'est pas absolue, les modalités de mise en œuvre d'une loi pouvant appeler des choix politiques : s'organiser pour accueillir dans les lycées un afflux de jeunes réfugiés, par exemple, est-ce de la responsabilité du ministre ou du directeur de l'agence ? À Stockholm, ils se sont mis au travail ensemble pour faire face à ce nouveau défi. Mais il est clair, en tout cas, que la France pousse trop loin l'interpénétration entre conception des politiques nouvelles, pilotage stratégique et gestion quotidienne.

Notre système est déresponsabilisant, parce que chacun fait le travail de l'autre : avec le passage au quinquennat, le président tend à se muer en son propre Premier ministre ; l'un et l'autre prennent en charge face à l'opinion des dossiers qui devraient relever de la responsabilité des ministres ; ceux-ci se substituent aux directeurs, qui sont en butte aux interventions constantes des cabinets – inévitables dès lors que tout accroc met directement le responsable politique en cause ; et les entités publiques qui relèvent de l'État, comme les universités, sont quant à elles soumises à la tutelle tatillonne des administrations centrales. On aimerait que l'exécutif donne le cap, que les ministres définissent des stratégies, que les cadres dirigeants de l'État disposent de la latitude voulue pour piloter leurs administrations, et que les responsables des entités publiques aient été dotés de l'autonomie de gestion qui leur est nécessaire pour agir au plus près du terrain. On aimerait aussi que les uns et les autres soient directement responsables de leur performance, et qu'un pouvoir dégagé des encombrements du quotidien se concentre sur le cœur de sa responsabilité : fixer les objectifs, allouer les moyens, vérifier les résultats, sanctionner les défaillances, définir les nouvelles politiques et conduire les changements.

Le modèle d'agence ne nous est pas étranger. Il est, par exemple, à l'œuvre en matière de gestion de la dette publique ou de régulation sectorielle. Il est partiellement mis en œuvre en matière de santé ou de gestion des organismes sociaux. La grande loi de modernisation de l'État, dite LOLF, votée en 2001 d'un commun accord par la droite et la gauche, relevait pour partie d'une inspiration voisine. Cependant la verticalité du pouvoir – pour reprendre une expression chère à Vladimir Poutine – a bien souvent raison de ces tentatives de déconcentration des responsabilités de gestion.

Il faudra une initiative plus forte, et plus générale, pour que le politique se déleste de ce qu'il n'est pas le mieux armé pour faire, et se concentre sur ce pour quoi il est irremplaçable. Il en va de la légitimité du politique, mais aussi de l'aptitude de l'action publique à répondre aux attentes d'une société travaillée par le doute et la méfiance, et de la capacité de notre administration à se saisir des bouleversements qu'apporte le numérique. Pour qu'un État dont nous étions fiers, mais dont nous devons bien constater qu'il ne fait plus exemple, retrouve la capacité d'initiative et même d'invention économique et sociale qui fut jadis la sienne, il faudra bien que la France se dote d'un nouveau modèle de gouvernance publique.

Un pouvoir circonscrit, pas un pouvoir faible

Avec la construction européenne, comme avec les vagues successives de décentralisation qui se sont succédé depuis 1981, la France est entrée dans une logique de type fédéral qui voit coexister, de l'échelon de la commune à celui de l'Union européenne, plusieurs niveaux de décision. C'est manifeste, par exemple, dans l'affirmation des métropoles, qui se vivent comme des acteurs à part entière et déploient des stratégies de conquête. C'est évident aussi depuis les années 1980, avec la montée en puissance du niveau européen.

Cette transformation n'a cependant été ni assumée – nous continuons à nous regarder comme un pays au sein duquel toute responsabilité procède de l'État – ni suffisamment pensée – nous ne nous sommes pas dotés du mode d'emploi de cette réalité nouvelle. Nous avons dévolu des compétences aux collectivités territoriales, mais nous voudrions qu'elles fassent toutes les mêmes choix et l'État continue à s'estimer responsable de tout ; nous en avons transféré d'autres à Bruxelles ou à Francfort, mais nous vivons comme une amputation ce dont nous avons été les architectes.

Le résultat est que du niveau communal au niveau communautaire on observe une série de pouvoirs enchevêtrés dont le citoyen peine à distinguer les attributions et les responsabilités. L'action de chacun d'entre eux est d'ailleurs fréquemment entravée par les prérogatives des autres, si bien que ces pouvoirs empilés sont à la fois conjointement écrasants et individuellement faibles. L'État, en apparence, surplombe l'ensemble, comme s'il servait de tour de contrôle, mais souvent sans être à même de jouer le rôle que nous attendons de lui.

Le soutien aux bas revenus en fournit un bon exemple. Depuis une vingtaine d'années, la politique nationale s'attache à concilier lutte contre la pauvreté et incitation au travail. Réformes et dispositifs ont ainsi visé à ce que les allocataires de minima sociaux gagnent à prendre un emploi, même lorsqu'il s'agit d'un temps partiel. Cette politique se heurte cependant à un double problème. Les départements, tout d'abord, auxquels la loi a confié la responsabilité du RMI, puis du RSA, administrent et financent une politique dont ils ne déterminent pas les paramètres. En résultent des différends réguliers entre l'État et les exécutifs départementaux. Les communes, ensuite, accordent fréquemment aux allocataires de minima sociaux des avantages spécifiques (gratuité de l'accès aux équipements sportifs, des transports, de la cantine scolaire) qui contredisent l'objectif général d'intéressement à l'emploi mais ne sont pas pris en compte dans les dispositifs nationaux, bien qu'ils puissent peser très lourd : l'équivalent de treize heures de travail par semaine, selon une étude de 2001[1]. L'incitation à l'emploi est otage de ces injonctions contradictoires. Recouvrements de compétence et politiques divergentes contribuent à créer ce que l'ancien ministre des Finances italien Tommaso Padoa-Schioppa appelait des pouvoirs faibles, qui se contredisent et s'empêchent mutuellement. On confond, disait-il, le pouvoir faible, auquel manquent les outils pour agir dans son champ de compétences, et le pouvoir limité, dont le champ de compétences est restreint. Le pouvoir, soutenait-il, doit être limité et non pas faible, parce qu'un pouvoir faible est impuissant, et invite donc au despotisme[2]. Le pays de l'État surpuissant est peu à peu devenu le royaume des pouvoirs faibles.

Que faire alors ? La bonne réponse est de limiter au maximum les recouvrements en mettant en place une architecture des compétences qui attribue à chaque entité, et en particulier à chaque niveau de gouvernement, des responsabilités précises, autant que possible exclusives, et les moyens de son autonomie. Il faut des pouvoirs bornés dans leur champ et limités dans leur étendue, mais capables de poursuivre un objectif, et il faut les juger sur leur capacité à l'atteindre.

---

1. Voir Denis Anne et Yannick L'Horty, « Transferts sociaux locaux et retour à l'emploi », *Économie et Statistique*, n° 357-358, 2002.
2. Voir Tommaso Padoa-Schioppa, *Contre la courte vue*, Odile Jacob, 2009.

Pour y parvenir, il est souvent nécessaire de trancher dans le vif. En 2012, les chefs d'État de la zone euro ont ainsi renoncé à demander aux responsables nationaux du contrôle bancaire de se coordonner entre eux et ont décidé de centraliser cette fonction à la BCE. En 2015, après bien des atermoiements, Manuel Valls a supprimé la clause de compétence générale des départements et des régions, leur interdisant ainsi d'intervenir dans tous les domaines de l'action publique. Ces clarifications sont utiles, parce qu'elles réduisent la complexité, éliminent des causes d'erreur, et facilitent la perception des responsabilités par le citoyen.

Ne coordonner que quand il le faut

Il n'est cependant pas toujours possible de procéder ainsi. L'évolution de l'Union européenne en fournit un exemple frappant.

Pendant quarante ans, l'Union – on disait alors la Communauté – a fonctionné sur la base d'une répartition assez lisible des compétences. Certains domaines, comme l'agriculture, le commerce international, la concurrence, relevaient de sa responsabilité, d'autres demeuraient du ressort des États. Il y avait certes des recouvrements, par exemple en matière de réglementation économique, ou dans des secteurs comme les transports et l'énergie, mais ils étaient d'ampleur limitée.

Ce bel ordonnancement a été bouleversé avec le passage à l'euro, car si la gestion de la monnaie a bien été transférée à la Banque centrale européenne, les autres politiques qui participent au fonctionnement d'une zone monétaire intégrée – budgets, marché du travail, contrôle bancaire jusqu'à son transfert à la BCE, etc. – sont demeurées de compétence nationale. Pour assurer leur cohérence ont alors été mis en place divers dispositifs de coordination. C'est la fonction du Pacte de stabilité et de croissance. C'est aussi le rôle des programmes nationaux de réforme que les États transmettent à Bruxelles, et sur lesquels ils sont supposés s'accorder. C'est enfin le rôle de l'Eurogroupe, au sein duquel les ministres des Finances de la zone euro sont supposés s'accorder sur leurs politiques.

Cette coordination fonctionne mal. Elle est formidablement créatrice de complexité. Elle donne lieu à toute sorte de désaccords. Et elle est mal respectée. Nous sommes ainsi passés en quelques décennies d'une structure relativement lisible à une structure touffue, dont le maniement mobilise des armées de fonctionnaires et dont l'opacité suscite la méfiance des citoyens. Tout cela pour un gain économique limité : si l'action collective est parfois indispensable, il n'est pas évident qu'au quotidien ses bénéfices l'emportent toujours sur les nuisances qu'elle suscite.

Les problèmes de coordination sont tout aussi vifs dans le cadre français. Nous avons un génie particulier pour multiplier les compétences floues, et renvoyer pour les mettre en cohérence à des procédures de coordination administrative. On compte aujourd'hui pas moins de 55 organismes d'État dont le nom comporte le mot « coordination », et bien d'autres ont reçu de telles missions. C'est l'assurance d'une activité bureaucratique fortement consommatrice de ressource humaine, mais bien souvent affectée à des tâches qu'un meilleur partage des responsabilités permettrait d'éliminer.

Outre qu'elle est coûteuse en temps et en ressources managériales, la coordination est par nature problématique, parce qu'elle oblige chacun à tenir compte de ses partenaires au lieu de répondre aux seules attentes de ses mandants. En Europe, coordonner les politiques budgétaires au nom de l'intérêt commun, c'est inévitablement demander tel jour à l'Allemagne de relancer plus qu'elle ne le souhaite, et tel autre à la France de réduire son déficit plus rapidement qu'elle ne le voudrait.

Ce n'est pas le principe qui fait discussion : si tous prennent part à l'exercice, le résultat est meilleur pour chacun. En revanche, sa mise en œuvre est un cauchemar permanent : chaque pays préférerait laisser agir les partenaires mais s'en abstenir lui-même ; chacun aussi soupçonne les autres de faire moins que ce à quoi ils se sont engagés ; et chacun, comme nous l'avons vu au chapitre 7, raisonne avec son propre modèle, qui ne coïncide pas avec ceux des autres. En 2009 par exemple, lorsque tous sont convenus de relancer pour combattre la récession, beaucoup ont tenté d'en faire le moins possible, en comptant sur l'effort des autres. Il en va de même, bien sûr, des efforts de réduction du déficit : la chronique des habiletés bénignes, des petites tromperies et des franches tricheries est déjà fournie.

Le contraste entre la capacité de décision et d'exécution de la BCE et l'absence d'unité d'action des États en matière budgétaire souligne comme dans une expérience de laboratoire l'écart entre une gouvernance monétaire unifiée et une gouvernance budgétaire coordonnée. Les désaccords sont tout aussi vifs en matière monétaire que budgétaire. Mais si la BCE est bien une instance fédérale – ce n'est pas Mario Draghi qui décide, c'est le conseil de l'institution –, elle dispose de la gouvernance voulue pour trancher des différends. C'est ce qui lui a permis de se montrer innovante et audacieuse. En matière budgétaire, en revanche, la coordination irrite beaucoup et, sauf circonstance particulière, apporte finalement peu.

Que faire, donc ? Vouloir résoudre les problèmes de coordination que connaît la zone euro en transférant la responsabilité budgétaire au niveau européen n'aurait pas de sens, parce que 98 % de la dépense publique s'effectue au niveau national ou local. En revanche, des solutions partielles sont à portée de main.

Il est d'abord possible de substituer au contrôle tatillon des politiques budgétaires des États une logique de responsabilité, en accordant davantage de marge de manœuvre à ceux d'entre eux qui se sont dotés de procédures et d'institutions nationales suffisamment fermes pour se garantir contre les dérapages. Assurer que les membres de la zone euro gèrent leurs finances publiques de manière responsable est impératif vis-à-vis des partenaires, mais c'est plus essentiel encore à l'égard des citoyens. Des garde-fous européens demeureront certainement nécessaires, mais il n'est pas besoin que Bruxelles exerce une surveillance rapprochée sur les États bien gérés.

Cette décentralisation de la responsabilité budgétaire permettrait d'alléger la tutelle exercée par Bruxelles et, à défaut de l'éliminer, de réduire le besoin de coordination. Pour ne pas affaiblir encore la capacité d'action commune elle devrait être complétée par la création, au niveau de l'ensemble de la zone, d'un instrument d'emprunt et d'investissement commun qui serait actionné par décision majoritaire en cas d'affaiblissement marqué de la conjoncture. Moins de centralisation d'un côté, et davantage de l'autre, répondrait mieux à la situation que le maintien dans un entre-deux insatisfaisant.

Il serait, certainement, souhaitable d'aller plus loin, et de doter la zone euro d'une capacité exécutive. La France, depuis Pierre Bérégovoy au début des années 1990, a constamment porté le projet d'un « gouvernement économique », à vrai dire assez mal défini. L'idée fait sens, parce qu'il n'est pas possible de tout confier aux règles et aux procédures, et qu'en régime de tempête la capacité de décision discrétionnaire demeure la meilleure des garanties. La crise financière de 2008, puis la crise de l'euro en 2010-2012 ont montré combien il était hasardeux de faire reposer la capacité de réaction de la deuxième zone monétaire du monde sur des conférences au bord du gouffre entre des chefs d'État et de gouvernement. Il est clair que les conditions politiques d'une réforme ambitieuse de la gouvernance de la zone euro ne sont pas aujourd'hui réunies. Elle n'en demeure pas moins nécessaire.

Des règles de conduite, pas des carcans

Parce qu'elles fixent un cap et protègent des errements sans suite, les règles ont beaucoup gagné de terrain au cours des dernières décennies, notamment en matière budgétaire. Définir et garantir leur bon usage est ainsi devenu, pour les politiques économiques, un problème récurrent.

L'avantage d'une règle est double : économique et démocratique. Elle permet au décideur de ne pas devoir redéfinir l'action optimale à chaque instant, et au citoyen de disposer d'un repère pour juger de l'action des dirigeants. Dans « The Dog and the Frisbee », Andrew Haldane explique qu'un chien qui attrape un Frisbee au vol ne dispose pas d'un modèle cinétique détaillé de son déplacement, mais seulement d'une bonne heuristique qui lui permet, pour l'essentiel, d'anticiper son mouvement[1]. Les gouvernements démocratiques ont besoin d'heuristiques qui fournissent non pas la réponse idéale à chaque situation, mais une réponse raisonnablement adéquate à la plupart

---

1. Andrew Haldane, « The Dog and the Frisbee », discours au symposium de Jackson Hole, 31 août 2012.

des situations. C'est le rôle des règles : fournir des repères pour la décision et le jugement démocratique. Les ayatollahs des règles affirment à l'envi que celles-ci ne sont légitimes que si elles s'imposent à tous et à tout moment de manière uniforme. On peut comprendre qu'ils s'offusquent de ce qu'en Europe grands et petits pays ne paraissent pas toujours être traités exactement de la même manière. Mais cela ne justifie pas le juridisme. Une règle, en effet, tire son fondement de quelque chose de plus profond que le seul respect de la discipline : du fait que, même si les actions qu'elle dicte peuvent être parfois douloureuses, il est au total préférable de la suivre que de s'en abstraire. Si, en revanche, l'observer conduit à des décisions manifestement contraires à la logique économique, elle perdra vite toute légitimité. Comme le dit sans ambages Barack Obama, qui en a fait sa philosophie, le principe premier qui doit guider les décisions est d'une grande simplicité : *Don't do stupid shit*. Or c'est à ce principe que l'Union européenne a contrevenu entre 2011 et 2013 : à trop pousser les États à suivre une règle qui n'était pas faite pour les circonstances que traversait l'Europe, elle a instillé dans toute une partie du continent le doute sur le bien-fondé de la responsabilité budgétaire.

Il faut donc trouver l'équilibre. Trop souple, une règle ne sert à rien. Trop rigide – stupide, comme l'ancien président de la Commission européenne, Romano Prodi, l'avait affirmé du Pacte de stabilité –, elle conduit à l'erreur. Une règle doit être prise au sérieux, elle doit traduire un engagement réel, elle doit être assez légitime pour que le pouvoir ne puisse pas s'en écarter sans devoir s'en expliquer, mais elle ne peut pas remplacer la décision.

Représenter le futur

Les démocraties sont par nature myopes : les citoyens de demain ne sont pas partie prenante à la délibération. Cela conduit inévitablement à biaiser les choix, au détriment du long terme et de l'équité entre les générations. Et ce biais est d'autant plus fort que les humeurs l'emportent sur les idéologies, que les individus prennent le pas sur les partis, et que l'expression directe des préférences citoyennes gagne du terrain face aux instances représentatives.

À l'heure où les enjeux du long terme – climat, biodiversité, dette, vieillissement, avenir du travail – sont de plus en plus prégnants, cette tendance a toute raison d'inquiéter. Elle risque de conduire les dirigeants à adopter un comportement incohérent consistant à affirmer haut et fort l'importance vitale des enjeux du long terme, tout en se gardant de prendre les décisions correspondantes. L'accord de Paris sur le climat est emblématique de cette attitude : l'objectif affiché de limitation du réchauffement est ambitieux, mais les moyens effectivement mobilisés sont très inférieurs à ce qu'il faudrait pour l'atteindre.

Il ne sert à rien de se lamenter du court-termisme des démocraties modernes. Peut-être les monarchies héréditaires ont-elles davantage le souci du long terme, mais nous n'allons pas pour autant les rétablir. La réponse réside plutôt dans la construction d'institutions qui soient porteuses d'une perspective longue. Pour partie, elles existent déjà : les ONG spécialisées jouent un rôle essentiel. Pour partie, elles se constituent autour de coalitions regroupant villes, entreprises et associations de la société civile : aux États-Unis, par exemple, l'inertie prévaut au niveau fédéral sur la question du climat, mais le pays n'est pas pour autant immobile ; c'est à un niveau infranational que se constituent des coalitions spécifiques qui aident à surmonter le blocage politique. Pour partie, enfin, des institutions spécifiques peuvent être créées : il est intéressant, par exemple, d'observer la variété des modalités par lesquelles a été prise en charge dans différents pays la question de l'avenir à long terme des retraites : coalitions bi- ou pluripartisanes, commissions indépendantes ou conseils regroupant administrations et partenaires sociaux. Chaque pays a défini à sa manière les voies d'une représentation des questions du futur.

Pour une part importante, cependant, la représentation des générations à naître ne relève pas du pouvoir, mais du contre-pouvoir. Ce n'est pas en créant un parlement artificiel qu'on leur donnera du poids, mais en permettant à ceux qui plaident pour le long terme de se faire entendre dans le débat démocratique. Il importe de leur faire toute leur place.

* *
*

Le message de ce chapitre est simple : une bonne manière de limiter les erreurs est de permettre au politique d'exercer pleinement les responsabilités que lui seul a légitimité et capacité à exercer, et de le dégager de celles qui peuvent être mieux exercées par d'autres. Les territoires sans limites, les frontières floues, les responsabilités mal définies sont en effet l'habitat naturel de l'erreur. Lorsque nul ne sait qui est responsable de quoi, lorsque chacun décide pour les autres, lorsque les responsables ont trop de questions à trancher, lorsque aucun échelon n'a la pleine disposition des instruments pour agir, il y a peu de chance que les bonnes décisions soient prises, et il y a toute chance pour que les mauvaises restent impunies.

Reconstruire l'architecture de la décision demande de choisir quelles décisions le pouvoir ne doit pas avoir à prendre, de délester les responsables politiques des détails qui les encombrent pour qu'ils puissent se concentrer sur l'important, d'organiser la distribution des compétences en sorte que chaque entité poursuive des finalités définies et dispose des moyens de les atteindre, de limiter ainsi les besoins de coordination au strict nécessaire, de donner aux règles de conduite un rôle de repère plutôt que de carcan, enfin de faire place à une représentation des enjeux du futur.

Chapitre 10

L'erreur, c'est les autres

« Nous venons de subir une incroyable défaite, écrit Marc Bloch en 1940. À qui la faute ? » À l'incapacité du commandement, répond-il d'abord, preuves à l'appui. Mais, ajoute-t-il en introduction du mémorable examen de conscience auquel il se livre, « dans une nation, jamais aucun corps professionnel n'est, à lui seul, responsable de ses propres actes. Pour qu'une pareille autonomie morale soit possible, la solidarité collective a trop de puissance[1] ».

Qui porte la responsabilité de la crise financière ? Aux États-Unis, en Europe, en France, la question n'a jamais reçu de vraie réponse. Des films, des livres, des tribunes ont dressé quantité d'actes d'accusation. Mais si des millions de gens ont perdu leur emploi, pour cela personne, ni les responsables politiques, ni les régulateurs, ni même les banquiers, n'a été puni. La crise est un gigantesque crime sans coupable, et il ne faut pas s'étonner, faute de res-

---

1. Voir Marc Bloch, *L'Étrange Défaite,* Folio, Gallimard.

ponsabilité identifiée, que les peuples incriminent tous ceux qui, de près ou de loin, ont eu à faire avec le pouvoir.

Qui gouverne, en définitive ? « Ni la masse ni les leaders, mais les deux ensemble », répondait en 1961 Robert Dahl, professeur de science politique à l'université Yale[1]. Dans une démocratie en effet, le gouvernement répond en continu aux préférences des citoyens et aux pressions des groupes constitués, et le pouvoir est, en fait sinon en droit, partagé entre une pluralité d'acteurs : élus nationaux et territoriaux, forces sociales, groupes d'intérêts, associations, médias. Sans oublier les professeurs de faculté défunts auxquels Keynes attribuait une grande (et excessive) influence sur les choix des vivants.

La vision qui voudrait que Barack Obama, Angela Merkel, François Hollande ou tout autre chef d'État ou de gouvernement détienne l'intégralité du pouvoir, décide seul, et soit seul responsable des erreurs est évidemment simpliste. Qu'il s'agisse de réforme du marché du travail, de crise financière, de politique européenne, de changement climatique ou de toute autre question de politique économique, derrière les gouvernants il y a des conseillers, des experts, des administrations, mais aussi des partis politiques, des acteurs sociaux, des groupes d'intérêt, la société civile, les médias. *In fine*, ce sont

---

[1]. Voir Robert Dahl, *Who Governs ?*, Yale University Press, 1961.

souvent les préférences et les implicites d'une société tout entière qui se reflètent dans les décisions des dirigeants.

Éviter l'erreur ne peut dans ces conditions être de la seule responsabilité des gouvernants. Les institutions ont un rôle à jouer, comme on l'a vu dans le chapitre précédent. Des processus appropriés peuvent également contribuer à des décisions mieux mûries. Il reste que les erreurs sont des constructions collectives. Comment les différentes parties prenantes aux choix sociaux, comment l'écosystème de tous ceux qui participent à définir les options, comment la société dans son ensemble peuvent-ils contribuer à éviter les impasses et les sorties de route ?

L'ERREUR EST UNE ŒUVRE COLLECTIVE

L'erreur, ce fameux week-end où Lehman fait faillite, est l'œuvre du Congrès tout autant que de l'exécutif. Avec son soutien, une solution aurait pu être trouvée pour éviter la catastrophe, et, surtout, l'exécutif se serait attaqué plus tôt à la situation des banques. Un gouvernement sans majorité parlementaire a les ailes coupées, incapable d'agir dans tous les domaines qui nécessitent de légiférer. Or il est tentant, pour l'opposition, de faire de la surenchère, de refuser la responsabilité, de vendre du rêve. Cela conduit souvent à des blocages, à l'inaction ou à des demi-mesures, voire *in fine* à des impasses.

Le cas des États-Unis est bien évidemment particulier, parce que, en régime présidentiel, Congrès et président vivent souvent en cohabitation. Mais les différences de sensibilité au sein d'une majorité ou les divisions au sein d'une coalition s'observent également dans d'autres pays, comme l'a montré en France le recours à l'article 49-3 pour l'adoption de la loi Macron et, plus encore, pour celle de la loi El Khomry du printemps 2016.

L'erreur dans la crise financière fut aussi celle de la communauté des experts. Que les spécialistes de la finance n'ont-ils alerté de la bombe à retardement que constituaient les crédits hypothécaires *subprime* ? Que n'ont-ils mis en garde contre l'illusion que le système financier parvenait à dissoudre le risque en fragmentant puis en réagrégeant les créances ? Certes, quelques voix se sont élevées, comme celle de Raghuram Rajan dans un discours extrêmement clairvoyant de 2005, mais pourquoi si peu nombreuses[1] ? Avant 2007, la plupart des macroéconomistes étaient ignorants de la finance, et la plupart des économistes de la finance avaient trop d'intimité avec leur objet d'étude pour être capables de distance critique. Le suivisme, la collusion, parfois, sont aussi des formes de l'erreur.

---

1. « The Greenspan Era: Lessons for the Future », Speech by Raghuram G. Rajan, Economic Counsellor and Director of the IMF's Research Department, 27 août 2005, Jackson Hole, Wyoming.

Le Brexit a montré à quel point les citoyens se défient aujourd'hui des experts : à la veille du référendum, 68 % des partisans du *Leave* déclaraient qu'il valait mieux « ne pas trop faire confiance aux soi-disant experts » et qu'il était préférable de se fier « aux gens ordinaires » ; ni les politiques, ni les professeurs, ni les journalistes, ni les membres de *think tanks* ne trouvaient grâce à leurs yeux[1]. Le Brexit a été un référendum contre les élites politiques, économiques et intellectuelles. La plupart des experts soutenaient, au nom d'arguments économiques ou géopolitiques, le maintien du Royaume-Uni dans l'UE, mais force est de reconnaître qu'ils ont eu tendance à négliger les effets de l'afflux de travailleurs est-européens sur certains métiers, certains groupes ou certains territoires. L'immigration, répétaient-ils, est bonne pour l'économie britannique. Certes. Mais pas pour cette catégorie de salariés, les usagers de cette école ou de cet hôpital. Rien d'étonnant à ce qu'ils soient apparus coupés des réalités et des préoccupations des gens ordinaires.

Mais, l'erreur, ce peut être également celle des électeurs eux-mêmes. Dans l'affaire Lehman, ils voulaient « faire payer » aux banques les risques démesurés qu'elles avaient pris et étaient opposés aux opérations de sauvetage. Mesuraient-ils alors les effets en chaîne qui allaient être déclenchés ? Probablement

---

1. Sondage YouGov 13-14 juin 2016, http://d25d2506sfb94s. cloudfront.net/cumulus_uploads/document/x4iynd1mn7/TodayResults_160614_EUReferendum_W.pdf

pas. Pour autant, l'état de l'opinion publique a pesé sur la position du Congrès. De manière analogue, on ne peut comprendre l'inertie du gouvernement et des régulateurs face à la bulle immobilière espagnole des années 2000 si l'on ne réalise pas à quel point la société tout entière était saisie par la fièvre spéculative. Y mettre un terme, en restreignant l'accès au crédit ou en utilisant la fiscalité, c'était, selon les mots d'un banquier central, vouloir fermer le bar au moment où les convives commencent à être gais. Le faire était, certes, de la responsabilité des autorités. Mais le pouvaient-elles ?

En France, d'une manière analogue, et sans aller jusqu'à parler d'une préférence pour le chômage, force est de constater que certaines politiques qui peuvent être défavorables à l'emploi reflètent des choix collectifs. Derrière la difficulté à réformer le marché du travail se profilent ainsi des désaccords au sein de la société sur le niveau de protection de l'emploi, sur la prégnance des rapports de forces entre employeurs et salariés et sur les rôles respectifs de la loi et de la négociation dans la régulation des relations sociales.

Restent enfin les médias. Il est facile de les incriminer. En situation de crise, la qualité de la communication est cruciale. C'est la raison pour laquelle les pilotes ont depuis longtemps un alphabet spécifique pour s'assurer qu'ils se comprennent bien. Les banques centrales ont à leur façon adopté également un langage codé pour être sûres de bien se faire comprendre des marchés financiers. Dans la crise financière, les médias ont-ils suffisamment aidé leurs lecteurs à mesurer les risques ? Quand l'éditorial du *Wall Street Journal* se félicite aux lendemains de la chute de Lehman de la fermeté de l'administration américaine face à l'aléa moral, ne contribue-t-il pas à la panique sur les marchés ? De même, lors des réformes du marché du travail en France, le travail de décryptage réalisé par les médias a-t-il été suffisant ? Le débat a-t-il permis aux citoyens de se faire une idée informée des enjeux ?

Dans bien des erreurs, la faute est en fait collective et le même type de schéma se retrouve, avec un nombre infini de variations : des experts qui se trompent ou se taisent ; des opinions qui s'emballent et se rangent à l'idée dominante du moment ; des médias qui amplifient et figent ces tendances ; des politiques qui répugnent à aller à contre-courant ; et l'absence de cordes de rappel.

Réfléchir à ce qui peut rendre les politiques publiques moins sujettes à l'erreur, c'est donc nécessairement s'interroger sur les propriétés de l'écosystème qui contribue à les façonner. Aussi importantes que soient les procédures, aussi déterminantes que soient les institutions, la réponse au problème qui nous occupe ne peut pas être trouvée entièrement à l'intérieur de la sphère de la décision. C'est aussi dans la relation entre celle-ci et la société qu'il faut rechercher la solution.

Accéder à toute l'information

La première exigence qui s'impose est celle de la transparence. Il n'y a pas de débat public de qualité sans accès des citoyens à l'information, c'est-à-dire, aujourd'hui, aux données détaillées qui permettent d'apprécier et de mesurer l'incidence des politiques publiques. Cela s'entend au niveau agrégé – s'agissant, par exemple, de fiscalité – comme au niveau le plus fin – les résultats du lycée du quartier et ceux de l'hôpital de la ville. L'information est aujourd'hui considérée par tous comme un droit, c'est aussi un ingrédient indispensable à la confiance en même temps qu'un aliment essentiel de la discussion.

Longtemps, les gouvernements ont joui du privilège de l'information. Les ministres connaissaient les dernières statistiques bien avant qu'elles soient rendues publiques. L'administration fiscale, l'Éducation nationale, le ministère de la Santé en savaient considérablement plus que quiconque sur les incidences de leurs politiques – ou en tout cas le prétendaient. Un ministre se présentait au Parlement muni d'une information que les députés ne possédaient pas, et en délivrait au compte-gouttes quelques bribes. L'État était supposé savoir plus et mieux savoir, et se mettait ainsi à l'abri de la critique. Il protégeait aussi quelques intérêts bien compris comme les bénéficiaires d'importantes subventions ou les services inefficaces. Qui voulait s'informer sur les effets d'une politique se heurtait bien souvent à un mur.

Ce temps est pour l'essentiel derrière nous. L'accès des ministres aux chiffres de l'Insee est strictement encadré. On peut, aujourd'hui, consulter sur Internet des informations détaillées sur les finances publiques des collectivités locales, et même la liste nominative des bénéficiaires d'aides de la PAC, ce qui était hier encore inimaginable. Des masses d'informations considérables sont mises à disposition des chercheurs qui peuvent ainsi travailler sur des millions de données individuelles d'entreprises ou de ménages. Longtemps réticente, la SNCF elle-même s'est mise à l'*open data*. Et de plus en plus d'outils de simulation passent en accès ouvert, ce qui permet à tous les utilisateurs d'examiner comment sont codées les politiques publiques, et éventuellement de corriger des erreurs.

Cette transformation est l'effet d'un mouvement d'ensemble qui touche les démocraties avancées et de plus en plus de pays émergents. La norme, aujourd'hui, est le « gouvernement ouvert » et si des zones aveugles demeurent, elles cèdent du terrain tous les jours. Chacun voit bien, d'ailleurs, qu'il n'y a pas le choix : les institutions publiques n'ont pas le monopole de la production des données, et si d'aventure le ministère de la Santé voulait restreindre l'accès aux statistiques sur les taux d'erreur des hôpitaux, un TripAdvisor de la médecine y suppléerait bientôt. Il faut miser sur ce mouvement, l'accompagner, l'amplifier : hormis la sécurité et la protection des informations individuelles, bien peu de raisons peuvent justifier les restrictions à l'accès aux données.

Moins d'invectives, plus de controverses

L'information n'éteindra pas les controverses. Heureusement, d'ailleurs : non seulement celles-ci sont inévitables, puisque le gouvernement des sociétés implique d'arbitrer entre des intérêts opposés, mais elles sont aussi nécessaires. Elles constituent, régulièrement, l'ingrédient du progrès scientifique. Pour cerner les risques (chapitre 4), pour équilibrer les enjeux d'aujourd'hui et ceux de demain (chapitre 5), pour affronter la complexité (chapitre 6), pour clarifier les désaccords (chapitre 7), elles sont la meilleure des méthodes. Si personne ne met en garde les décideurs sur le fait qu'ils courent à l'accident, il ne faut pas s'étonner de la violence des chocs. Des erreurs d'aiguillage sont inévitables, à un moment ou à un autre. Ce qui est plus dérangeant, c'est que rien n'arrête les trains fous.

Ce n'est cependant pas toujours la controverse qui fait le quotidien des démocraties modernes. Bien souvent, c'est l'invective qui domine. Celle-ci en est l'exact opposé : au lieu de raisonnements, elle se nourrit de jugements à l'emporte-pièce ; au lieu de faits, de préjugés ; au lieu de démonstrations, de l'exposé de croyances ; et, au lieu de débats, d'insultes. Le respect de celui ou celle auquel on s'oppose cède le pas à la disqualification de l'adversaire. Les signes d'une montée en puissance de la démocratie de l'invective se multiplient. Aux États-Unis, Donald Trump a accédé à la candidature en maniant quotidiennement l'injure. Sur le web, la haine s'affiche et les trolls harcèlent ceux qu'ils veulent réduire au silence. En France, le débat de société connaît visiblement un regain de violence verbale.

La férocité des propos n'est pas en cause : les controverses n'ont pas besoin d'être feutrées pour être utiles. Ce qu'il faut bannir, c'est la posture qui dénie légitimité à l'adversaire et exclut *a priori* l'écoute de ses arguments. C'est la conviction que c'est en se fiant seulement à ceux qui pensent comme soi qu'on aura le plus de chances de rester dans le vrai. C'est le rejet des faits lorsqu'ils ne confortent pas ses certitudes. C'est l'obsession maladive de la manipulation et de la machination.

Pourtant, les citoyens sont aujourd'hui considérablement mieux formés et mieux informés : 45 % des Français de 30 ans sont diplômés de l'enseignement supérieur, alors que cette proportion n'est que de 20 % pour les plus de 60 ans. Les chiffres, les faits, sont le plus souvent à portée de clic. Les journaux pratiquent d'ailleurs de plus en plus le *fact checking* et épinglent les responsables qui prennent trop de liberté avec les faits.

Pour autant, l'idée simple selon laquelle les progrès de l'éducation suffiraient à combler le fossé entre savoir scientifique et croyances populaires est démentie de toutes parts. Le sociologue français Gérald Bronner montre bien dans *La Démocratie des crédules* que les progrès de l'éducation n'accroissent pas la confiance dans la science et ne diminuent l'attrait de croyances ou de théories que les scientifiques considèrent absurdes. Au contraire, des citoyens mieux éduqués supportent moins bien que les experts aient le monopole de la vérité scientifique. Ayant eu accès au savoir, ils se sentent armés pour critiquer les soi-disant « sachants » et développer leur propre point de vue. Comme l'a pointé *The Economist*, le risque pour les démocraties est de basculer dans l'ère de « l'après-vérité » (*post-truth*) : un monde où la véracité des assertions importe moins que leur apparence de vraisemblance[1]. Comme l'a montré la campagne de Donald Trump, il est aujourd'hui possible de remporter des succès politiques en se moquant de la vérité et insultant ceux qui prétendent la défendre. C'est un poison mortel pour la démocratie.

Il faut donc renoncer à l'illusion positiviste. Transparence, accès à l'information, élévation du niveau de formation sont indispensables, mais ne suffisent pas à créer les conditions de controverses exigeantes et respectueuses des faits. Il y faut une culture exigeante du débat. Or à l'école, à l'université même, la déférence à l'égard du maître prend trop souvent le pas sur le respect à l'égard de la connaissance. C'est le moyen le plus sûr de former, au lieu de citoyens actifs et exigeants, des courtisans et des révoltés. Dans l'entreprise, dans l'administration, l'obéissance est encore trop souvent attendue en lieu et place de l'engagement. Ce n'est pas ainsi que l'on promeut la responsabilité, ni la citoyenneté.

---

1. *The Economist*, 10 septembre 2016.

Les institutions du débat

Pour que la controverse serve à débusquer les erreurs et à éviter les impasses, pour que le débat ne soit pas qu'un dialogue de sourds, trois ingrédients sont nécessaires : une diversité d'acteurs crédibles, un langage commun et des instances de confrontation.

Éviter que l'irrationnel guide les décisions, ce qui est paradoxalement un risque dans une société où chacun a accès au savoir, demande que la rigueur intellectuelle prévale dans les débats sur les politiques publiques. L'humilité, la prévention des conflits d'intérêts, la capacité à reconnaître ses erreurs et, aussi, la répression des comportements frauduleux sont indispensables si les experts veulent regagner la confiance publique et retrouver une crédibilité fortement entamée.

Cela ne suffit cependant pas : la diversité de formations et de points de vue est tout autant cruciale. La consanguinité des ingénieurs qui ont bâti le nucléaire n'a pas été pour rien dans l'émergence d'une opposition résolue à cette énergie. De même, l'endogamie entre régulateurs et industrie financière n'a certainement pas favorisé la prise de conscience des déséquilibres qui allaient faire boule de neige. Introduire de la diversité dans les comités d'experts, dans toutes ses dimensions, est nécessaire pour faire obstacle au *groupthink*. Comme dans Voltaire, le candide a toujours un rôle à jouer pour faire progresser la connaissance et la compréhension.

Faire place à la pluralité des acteurs, c'est aussi accepter que ceux qui défendent un point de vue opposé ont quelque chose de pertinent et d'important à dire. Quand des groupes s'opposent sur les solutions, que ce soit pour réduire le chômage ou la pauvreté, et interprètent la même réalité de façon radicalement différente, la première tentation est de questionner les motivations des interlocuteurs et leur bonne compréhension des problèmes. On débouche vite sur un dialogue de sourds, où chacun est persuadé de détenir la vérité. La complexité de la réalité laisse pourtant souvent la place à plusieurs lectures, qui ne sont pas nécessairement aussi contradictoires qu'elles peuvent paraître.

C'est ce que Ravi Kanbur, un professeur de Cornell qui a longtemps travaillé à la Banque mondiale, a montré de façon limpide dans son analyse des désaccords sur la réduction de la pauvreté[1]. Entre les « financiers » (Institutions internationales, ministères des Finances, économistes…) et la « société civile » (ONG, agences de développement, pays du Sud…), les désaccords peuvent en fait être expliqués par trois différences : le degré d'agrégation auquel on s'intéresse (la baisse de la pauvreté au niveau national peut masquer une forte hausse dans les villes, comme au Ghana, qui n'est pas indifférente pour les ONG sur le terrain) ; l'horizon temporel implicite (l'ouverture

---

1. Voir Ravi Kanbur, « Economic Policy, Distribution and Poverty: The Nature of Disagreements », *World Development*, 29(6), pp. 1083-1094, 2001.

commerciale peut être bénéfique à moyen terme, mais peut-on négliger pour autant ses effets à court terme sur les populations ?) ; et la lecture du fonctionnement des marchés (les effets de réformes ne sont pas les mêmes si certains acteurs sont en position de monopole, ou si les marchés sont concurrentiels). Mais, pour expliciter ainsi ce qui est à l'origine des désaccords, il faut commencer par accepter de s'écouter et chercher à se comprendre.

Un deuxième préalable à de saines controverses est de disposer d'un langage commun. Quand les indicateurs utilisés par les uns ne correspondent pas à la réalité vécue par les autres, il est difficile de communiquer utilement. C'est le cas parfois avec les indicateurs de pauvreté, trop agrégés pour refléter une réalité plus multiple. C'est le cas bien sûr du produit intérieur brut (PIB), ce qui a conduit à introduire dans différents pays, et récemment en France, des indicateurs complémentaires au PIB. Bref, il faut admettre que le thermomètre n'est pas toujours neutre et que, toute mauvaise foi mise à part, la mesure utilisée peut biaiser l'appréciation de la fièvre.

Le troisième ingrédient nécessaire, ce sont bien sûr des instances de dialogue et de débat informé. Les revues d'intérêt général, les magazines et les journaux jouaient traditionnellement ce rôle de pont entre les revues scientifiques et le grand public. Aujourd'hui, cette presse se bat pour survivre à la révolution numérique. Les *think tanks* servaient aussi de lieu de confrontation, sur des sujets concrets, entre experts d'opinions opposées, mais aux États-Unis, qui les ont inventés, beaucoup sont victimes de la polarisation du débat politique et d'une dépendance à l'égard de financements de plus en plus partisans. Les magnats désintéressés qui voulaient faire vivre la démocratie ont cédé du terrain, quand ce n'est pas la place, à des militants qui utilisent leur fortune pour promouvoir les politiques – le plus souvent conservatrices – qui leur tiennent à cœur.

En France, l'État est souvent l'organisateur du débat. Les commissions du Plan, hier, aujourd'hui France Stratégie et les instances spécialisées, les « Grenelle » divers, les grandes conférences sociales, la Commission nationale du débat public, le Conseil économique, social et environnemental sont autant de lieux où se retrouvent élus, administrations, partenaires sociaux, associations, experts et citoyens. Des institutions publiques crédibles, qui interviennent indépendamment au nom de l'intérêt général, comme l'Insee, la Cour des comptes ou la Banque de France, concourent également à la qualité de la délibération collective. C'est aussi par l'État que sont financés la plupart des instituts spécialisés qui participent au pluralisme de l'expertise, ainsi que les fondations politiques. Il contribue même, quoique plus marginalement, au financement des *think tanks*.

Ces instances sont très utiles, lorsqu'elles font progresser la culture commune sans raboter la diversité des points de vue. Elles soumettent les responsables publics à une saine discipline, celle d'exposer leurs analyses et de présenter les options sur lesquels ils travaillent à une audience pluraliste dont les critères ne sont pas les leurs. Elles exposent parallèlement ceux dont le rôle social est de porter des convictions à une confrontation méthodique avec les faits, les chiffres et les contraintes propres aux politiques publiques. De ce dialogue patient, chacun sort généralement mieux informé et mieux préparé.

Il ne faut cependant pas se faire d'illusions : ce n'est pas la société française tout entière qui participe à ces dialogues, c'est celle qui s'inscrit dans une démarche soucieuse de dialogue et de rationalité. L'affaire des Bonnets rouges a dramatiquement exposé les limites de cette démarche : c'est après que les différentes options avaient été examinées et débattues dans le cadre du Grenelle de l'environnement, après qu'un large consensus s'était formé, après que le Parlement lui avait largement apporté son soutien et après que l'État avait engagé sa parole dans un contrat avec la société concessionnaire des portiques que l'écotaxe poids lourds s'est fracassée face à l'opposition déterminée de quelques agriculteurs et transporteurs bretons. Ce jour-là, la démocratie délibérative a rencontré ses limites.

Les infrastructures de la controverse

Aux États-Unis et dans une moindre mesure en Europe, toute initiative significative est instantanément débattue par une blogosphère ultraréactive. Dans le seul champ économique, plus d'une centaine de blogueurs aussi acerbes que compétents décortiquent en temps réel les décisions publiques, si bien que vingt-quatre ou quarante-huit heures après une annonce de la banque centrale ou la publication d'un projet de loi, chacun peut se faire une idée informée des discussions que suscite cette initiative, des problèmes que poserait sa mise en œuvre et des effets qu'elle pourrait induire. Bien sûr, cela n'élimine pas les mauvaises idées, mais cela contribue à en tuer dans l'œuf quelques-unes.

En Suède, neuf citoyens sur dix font confiance aux médias[1]. Les journaux, qui sont très lus, abordent largement les questions économiques et n'hésitent pas à entrer dans des détails techniques, qu'il s'agisse des orientations de la politique monétaire, des enjeux du TTIP ou des questions de retraites. À chaque moment, un petit nombre de sujets font l'objet d'un feu nourri d'articles, et le débat se poursuit jusqu'à ce qu'une solution se dégage. Les directeurs d'agence, qui en Suède gèrent des pans entiers des politiques publiques (par exemple les lycées), des universitaires, des hauts fonctionnaires, des responsables de *think tanks* s'expriment librement dans la presse sur les domaines qui relèvent de leur compétence et contribuent ainsi à la discussion. Dans le classement des cent personnalités les plus influentes (réalisé par l'hebdomadaire *Fokus*), on compte ainsi six directeurs d'agence (Agence de la conjoncture et Agence des impôts, notamment) et six représentants des partenaires sociaux. Au-delà des médias, le prin-

---

[1]. Selon un sondage de mars 2016.

cipe, ancien dans le pays, de publicité des documents administratifs et la communication pour avis des projets de loi aux agences et aux différentes parties prenantes (ONG ou partenaires sociaux) participent d'une transparence de l'action publique qui nourrit un débat informé.

Il faut se garder d'idéaliser ce qui se passe ailleurs. Certains pays cependant semblent, mieux que d'autres, avoir trouvé les moyens de faire vivre un débat public vif et exigeant, qui place les acteurs de la politique publique sous une surveillance constante et sert ainsi de garde-fou contre des initiatives mal conçues ou des politiques mal exécutées. En France, par contraste, la blogosphère est indigente, et si les journaux sont parfois le lieu de controverses acerbes, chacun tend à y faire la promotion de ses idées plutôt qu'à répondre à celles des autres. Quant aux fonctionnaires, ils cultivent le silence, parce que, dans la République, la parole appartient au ministre.

Ce n'est pas ainsi qu'on dissipera la suspicion. Le danger qui nous menace n'est pas l'excès de critique, mais la perte de confiance à l'égard de toute parole publique. À des Français qui redoutent qu'on leur cache la vérité, on ne peut continuer d'offrir une communication calibrée et une parole qui tombe d'en haut. C'est en crédibilisant la parole publique, et donc en séparant le plus possible l'expression du gouvernement et celle des gestionnaires de l'État, qu'on jettera les bases d'une reconquête de la confiance des citoyens. Partager les diagnostics, les mettre en débat, à froid, en amont de réformes, remettre en cause les raisonnements habituels et les certitudes, c'est la responsabilité des experts, mais aussi des administrations. À quand une tribune du directeur de la législation fiscale de Bercy pour présenter les options de réforme de l'impôt sur les sociétés ?

ÉVITER LES FAUX ACCORDS ET LES FAUX DÉSACCORDS

Si la controverse est vertueuse, la recherche du consensus peut être un piège. Le « consensus de Washington » restera probablement célèbre pour avoir été tout sauf consensuel : la « fin de l'histoire » a duré bien peu de temps – à peine dix ans – avant que les assemblées annuelles des institutions de Washington ne soient l'occasion de manifestations de rue et de protestations virulentes.

Les sources de désaccords sont nombreuses, on l'a vu : conflits d'intérêts, différences sur la représentation du monde ou les préférences peuvent faire avorter ou échouer des réformes, ou, pire, conduire à des solutions de compromis ou à des *second best* tout à fait sous-optimaux.

Pour les intérêts, la réponse est théoriquement simple : il convient d'éviter la capture ou la mainmise, par un ensemble de règles de transparence et de limitation des pouvoirs (non-cumul, par exemple) visant à prévenir les conflits d'intérêts. Au-delà, il importe d'assumer ou d'indemniser dans certains cas les perdants aux réformes. Plus facile à dire qu'à faire certainement, mais la tentation qui consiste à faire l'autruche face à ceux qui sont lésés par une réforme est à coup sûr perdante. Miser sur la complexité des règles et des dispositifs dans l'espoir qu'elle masque les redistributions implicites et imperfections du système est à terme mortifère, car c'est toute la confiance dans l'édifice qui risque d'être minée.

Les désaccords analytiques sur le fonctionnement de l'économie ou sur les divergences de préférences ne peuvent se résoudre aussi simplement. Pour avancer, il faut que les différentes parties échangent, s'écoutent, se remettent en cause. Le but n'est pas, ne doit pas être, de raboter la diversité des points de vue. Il doit être d'élargir les consensus sur les faits et d'avancer dans la compréhension des désaccords.

Sur les faits, la démonstration a été faite qu'il est possible de progresser. Au début des années 2000, une confusion complète régnait sur la question des retraites. Le gouvernement Jospin disposait de deux rapports sur les perspectives financières du système de répartition, qui aboutissaient à des résultats contradictoires. Celui de Jean-Michel Charpin, le commissaire au Plan, dressait un constat inquiet et préconisait un recul de l'âge de la retraite. Celui de René Teulade, préparé dans le cadre du Conseil économique et social, rejetait tout alarmisme. Il n'y avait pas même accord sur l'existence d'un problème. Il a fallu, pour en sortir, le travail patient de Yannick Moreau, la présidente du Conseil d'orientation des retraites. En faisant réaliser toute une gamme de projections fondées sur différentes hypothèses de taux de chômage, dont certaines très volontaristes, elle est parvenue à établir un diagnostic largement partagé et à montrer que le problème du financement des retraites se posait dans toutes les hypothèses économiques envisageables. Le consensus sur les perspectives n'emporte pas pour autant l'accord sur les solutions : pour garder l'exemple des retraites, on peut convenir de l'existence d'un problème mais se séparer sur la réponse : certains proposeront un recul de l'âge de la retraite, d'autres une hausse des cotisations, d'autres encore une baisse des pensions, d'autres enfin le recours à d'autres sources de financement. Mais il importe que le désaccord porte sur la nature des solutions, sur lesquelles il n'y a pas de raisons qu'il y ait convergence, plutôt que sur le diagnostic lui-même.

En amont des échéances électorales, ce travail d'explicitation des analyses et des choix proposés est particulièrement important. Aux Pays-Bas, avant chaque élection, le CPB, un organisme indépendant qui relève du Premier ministre, analyse et évalue les programmes que lui soumettent les principaux partis. Les électeurs sont ainsi informés des conséquences probables de leurs choix. Cela n'élimine pas le débat, parce que tel parti pourra se prévaloir de faire mieux sur la croissance, tel autre sur l'emploi, le troisième sur les inégalités et le quatrième sur l'environnement. Mais cela élimine les promesses sans contenu et aide les électeurs à s'interroger sur leurs propres critères de choix.

L'exemple a peu de chances d'être aisément suivi, mais il rappelle qu'éviter les erreurs, cela commence par faire la chasse aux idées fausses. Si un candidat peut proposer des solutions qui n'en sont pas sans être contredit, rien n'arrêtera les âneries suivantes. C'est ainsi à l'écosystème, dans lequel les idées s'échangent, se débattent, vivent et meurent, d'écarter par son exigence la bêtise et la démagogie.

S'il faut éviter de s'opposer quand on est en fait d'accord, il est peut-être encore plus important d'éviter les faux accords. Si les démocraties ont pour objet de permettre la coexistence de points de vue et de préférences diverses, elle ne peut prétendre les résoudre et ne le vise pas. La clarté sur ce sur quoi on est en désaccord, sur les préférences de chacun, le projet de société qu'il défend, c'est ce qui fait la richesse de l'offre politique et permet à chacun de se positionner.

Si, bien entendu, le candidat vainqueur d'une élection se doit de représenter et d'être à l'écoute de tous les citoyens, il reste qu'il a conquis les voix d'une majorité autour d'un projet. C'est l'alternance qui sanctionnera sa réussite ou non et permettra le cas échéant à la minorité d'hier d'accéder au pouvoir. Nier les désaccords, c'est courir le risque que les antagonismes inévitables au sein d'une société se déplacent sur d'autres terrains que le politique. La construction d'une identité, individuelle ou collective, passe souvent par l'opposition à d'autres. Le « nous » se construit souvent en référence à un « eux » auquel il s'oppose. En politique, la droite n'existerait probablement pas sans la gauche, ou les conservateurs sans les libéraux.

Cependant, les oppositions sont saines si elles se font sur des bases claires et autant que possible explicites. La maturité d'une démocratie se mesure à la capacité des différentes parties prenantes à définir avec précision ce sur quoi elles s'accordent ou au contraire diffèrent. C'est l'objet du débat. Refuser de le faire, au motif qu'admettre une convergence partielle avec l'adversaire serait s'affaiblir, c'est prendre le risque de faire naître des fractures plus profondes au sein de la société. L'hystérisation artificielle des oppositions ne peut en outre que susciter la méfiance des citoyens, surtout si ceux-là mêmes qui proclament n'être d'accord sur rien en finissent, à l'épreuve du réel, par converger vers les mêmes solutions.

* *
*

Dans toutes les démocraties, la nature du débat collectif fait aujourd'hui question. On assiste en effet d'un côté à l'éclosion de modalités nouvelles d'accès à l'information et d'interaction qui donnent contenu à la démocratie participative, et de l'autre au retour en force de la rumeur, de l'invective et du fantasme. Nos sociétés se divisent entre ceux pour qui l'information est l'instrument d'une citoyenneté plus engagée et plus ouverte, et ceux qui craignent de subir une relégation et se révoltent contre le pouvoir des « sachants ».

On a peine à concevoir qu'il y a seulement cinquante ans un ministre de l'Information était venu au 20 heures présenter lui-même la nouvelle formule du journal télévisé, qu'il y a trente ans les télévisions privées n'existaient pas, et qu'il y a vingt-cinq ans Internet était un outil réservé aux seuls scientifiques. Le pouvoir, c'est un fait, a perdu beaucoup des privilèges qu'il détenait en matière d'information. Le défi est aujourd'hui de construire la démocratie du libre accès individuel à la connaissance. Ce qui se révèle de plus en plus clairement, au fil des événements, c'est que cela suppose une éducation à l'argumentation, des institutions du débat et des infrastructures de la controverse. C'est à ces conditions que la délibération collective contribuera à réduire les risques d'erreur plutôt qu'à les amplifier.

Conclusion

Nous avons embarqué pour ce voyage au pays de l'erreur munis d'une conviction et d'une intuition. La conviction, c'était que les erreurs économiques qu'ils ont commises ont substantiellement contribué au discrédit des dirigeants politiques des pays avancés. Nous pensions que l'insatisfaction et la colère qu'expriment les citoyens de beaucoup de nos pays ne tenaient pas seulement, et pas même principalement, au fait que leurs dirigeants n'avaient pas tenu leurs promesses, mais provenaient surtout de ce que les responsables n'avaient su ni prévenir les crises, ni minimiser leurs effets, ni en faire l'occasion de réformes en profondeur. C'est pour cette raison que nous avons cherché à comprendre les ressorts de ces erreurs.

L'intuition, c'était que ces défaillances ne devaient pas être regardées comme une série d'événements singuliers, et qu'il y avait donc quelque chose à apprendre de leur analyse. Lorsqu'un hôpital découvre que des patients ont subi les conséquences d'un traitement inadéquat ou qu'une entreprise s'avise qu'elle a mis sur le marché des produits défectueux, ils procèdent généralement à une enquête. C'est à une telle investigation que nous avons voulu nous livrer. Notre conviction quant aux effets délétères de l'erreur n'a fait que se renforcer au fil du voyage. L'échec et, surtout, l'incapacité à maîtriser le réel qu'il traduit alimentent la défiance, tant il est difficile de se résigner à l'impuissance de ceux qui détiennent le pouvoir. Un tel constat conduit en réaction à une demande désespérée d'autorité et de contrôle sur le cours des choses.

L'analyse a, quant à elle, conforté notre intuition. Nous avons mis en évidence que les erreurs, petites et grandes, ne sont pas le fruit du hasard. D'un épisode à l'autre, dans différents pays et à travers des temporalités très variées, nous avons mis en lumière les logiques de l'erreur. Nous en avons dégagé des traits communs, des figures récurrentes : une certaine négligence à l'égard de l'incertitude et du risque, une mauvaise gestion des temps et de l'ordonnancement d'actions dont les horizons temporels diffèrent, une approche insuffisamment réfléchie de la complexité et de stratégies de réforme inévitablement partielles, le désarroi et la paralysie face aux désaccords.

Ces problèmes ne sont pas dus à un manque de compétence des dirigeants et ne peuvent être traités par le volontarisme. C'est seulement si elle reconnaît la réalité de ces obstacles, et qu'elle définit en réponse des stratégies explicites, que la politique économique pourra réduire sa propension à l'erreur. Cela vaut tant pour la politique macroéconomique que pour les politiques structurelles, au niveau national comme au niveau européen.

Si l'analyse des impasses qui sont à l'origine des défaillances a une forte dimension conceptuelle, la réponse, elle, se décline en un ensemble de recommandations très concrètes. Nous avons montré que des solutions existent, et qu'agir en amont sur la fabrique de la décision permettait d'améliorer les chances de succès des politiques publiques. Nous avons détaillé nos recommandations à trois niveaux : dans le *design* des processus de décision ; dans les institutions, qui ordonnancent les responsabilités ; et, enfin, dans l'écosystème des acteurs dont convergences et désaccords concourent à façonner la décision.

Un premier ordre de réponse porte sur les processus de décision que met en œuvre l'exécutif. Pour limiter le risque d'erreur, il convient que le pouvoir s'attache à distinguer autant qu'il est possible ce qui appartient au politique et ce qui n'en relève pas ; qu'il fonde ses décisions sur une évaluation systématique et rigoureuse de l'efficacité des politiques publiques ; qu'il sache faire la part de ce qu'on sait et de ce qu'on ne sait pas, et donc fasse preuve de prudence face aux risques, en soumettant les politiques publiques à des *stress tests* aussi exigeants que ceux qui sont aujourd'hui imposés aux banques ; qu'il soit capable de changer d'avis lorsqu'il s'est engagé sur une fausse route ; et, enfin, qu'en fonction du diagnostic posé sur l'état de l'économie il définisse d'emblée, pour un quinquennat, un petit nombre de chantiers prioritaires sur lesquels investir son capital politique.

Le deuxième niveau porte sur les institutions, c'est-à-dire sur le partage vertical des compétences entre différents niveaux de pouvoir et, parallèlement, sur le mode d'organisation de l'État. Trop souvent, ceux auxquels revient la décision sont encombrés d'une série de questions improbables qu'ils ne devraient pas avoir à trancher. Il s'agit ici de définir un mode de gouvernance qui libère les décideurs de ce que d'autres savent mieux faire et les dotent simultanément des moyens d'exercer pleinement les pouvoirs qu'ils ont, seuls, légitimité à détenir. Cela suppose d'abord de fixer ce sur quoi le politique ne doit pas décider ; de le délester de tout ce qui peut être mieux géré par d'autres, pour mieux le recentrer sur ce que lui seul peut prendre en charge ; d'organiser la distribution des compétences entre acteurs en sorte de limiter au maximum les recouvrements et les besoins de coordination ; de savoir faire bon usage des règles de politique économique, qui doivent servir de repères et non de carcans ; enfin de s'obliger à représenter les exigences du futur, afin de leur donner le poids qu'elles doivent avoir dans la décision.

Il serait cependant illusoire de se borner à rechercher la parade aux erreurs au sein du huis-clos du pouvoir. Parce que en démocratie, le responsable décide rarement seul, parce que toute initiative significative donne lieu à débat et suscite des controverses auxquelles l'exécutif est nécessairement sensible, l'erreur est souvent une œuvre collective. Pour cette raison la responsabilité de l'éviter revient aussi à la société. La construction d'un écosystème du débat susceptible d'arrêter les initiatives mal conçues et d'attirer l'attention sur des problèmes non résolus passe par l'éducation bien sûr, en particulier l'éducation à la critique. Elle suppose la transparence et la généralisation de l'accès à l'information, mais elle demande aussi la définition, pour le débat, d'un langage partagé et de règles du jeu communes, en même temps que la construction d'infrastructures qui permettent à la controverse de jouer tout son rôle.

Trois points, encore, pour conclure.

1/ En politique économique, la méthode est trop souvent traitée comme le parent pauvre. L'analyse des erreurs suggère qu'elle compte au moins autant que le projet. Alors qu'il est aujourd'hui contesté dès l'instant où il commence à agir, le pouvoir ne peut plus faire l'économie d'une réflexion systématique sur la méthode de gouvernement. Il faut accepter qu'adopter un cadre de décision clair et explicite, que discipliner le recours au discrétionnaire, qu'organiser la mise en débat de ses initiatives, ce n'est pas couper les mains du politique, c'est au contraire lui confier un pouvoir mieux calibré, à la fois plus légitime, plus efficace et mieux à même d'entreprendre des actions d'envergure.

2/ Les réponses que nous avons proposées concernent pour la plupart le niveau national ou les relations entre État et collectivités territoriales. Mais elles touchent aussi au niveau européen. Celui-ci concentre en effet un ensemble de difficultés qui ne lui sont pas propres, mais qui se posent à son niveau avec une acuité particulière : recouvrements de compétence, incomplétude de la gamme des instruments à la disposition des décideurs, enjeux de coordination et désaccords cognitifs y sont légion. À ce niveau, plus qu'au niveau national, c'est principalement des rouages de la décision collective que provient le risque de décisions inadéquates. La prégnance des règles protège des foucades mais crée un risque d'inertie excessive, et surtout la faiblesse exécutive handicape la décision en situation de tension financière ou politique. Parallèlement, les divergences d'analyse quant aux causes des difficultés et la coexistence de récits alternatifs des mêmes événements font obstacle à l'élaboration de réponses communes. C'est pourquoi la gouvernance de l'euro doit être regardée comme un champ d'application prioritaire des propositions que nous avons faites sur l'organisation de la décision, la répartition des compétences, le rôle des règles et la minimisation des recours à la coordination.

3/ Nous avons cherché à faire œuvre utile et donc à suggérer des pistes raisonnables et, somme toute, atteignables : aucune des initiatives que nous proposons ne s'assimile à une révolution. La tâche n'en est pas moins considérable. Si les solutions que nous avons proposées allaient de soi, elles seraient déjà en place. Leur mise en œuvre se heurtera à de fortes résistances, à des conservatismes, à des peurs, à des difficultés concrètes : on l'a vu, récemment, sur le non-cumul des mandats. Il faudra donc, pour organiser la décision selon les lignes que nous suggérons, engager du capital politique. Nous sommes convaincus que cet investissement de méthode vaut d'être entrepris. Nous pensons même qu'il est la condition de politiques publiques mieux conçues, mieux exécutées, plus efficaces et mieux acceptées.

Table

Avant-propos 7
Avertissement 15

Première partie
Enquête

Chapitre 1. Le moment Lehman 19
Chapitre 2. Europe, les ravages de la précipitation... 39
Chapitre 3. La défaite face au chômage 65

Deuxième partie
Diagnostic

Chapitre 4. Les paris perdus 99
    Les pronostics douteux 100
    Les calculs hasardeux 104
    Les risques inconsidérés 111

Chapitre 5. La discordance des temps 117
    Effets de manche et crédibilité 119

LE TEMPS DES COMPTES..	124
L'URGENT ET L'IMPORTANT	129
Chapitre 6. Les revanches de la complexité............	137
REGARDER SOUS LE RÉVERBÈRE..................................	142
SE CROIRE SEUL AU MONDE	146
SE PERDRE EN CHEMIN...	149
LE TERRAIN PIÉGÉ	152
Chapitre 7. Bonnes et mauvaises discordes............	157
CHACUN POUR SOI...	158
CHACUN DANS SON MONDE	163
CHACUN SES PRÉFÉRENCES...	168

Troisième partie
Réponses

Chapitre 8. La culture du *kaizen*...........................	181
DÉFINIR L'ESPACE DU POLITIQUE................................	182
FAIRE LE TRI ENTRE CE QUI MARCHE ET CE QUI NE MARCHE PAS	185
SAVOIR CE QU'ON NE SAIT PAS	191
OPTER POUR DES PRÉVISIONS PRUDENTES...................	194
SAVOIR CHANGER D'AVIS	197
STRESS-TESTER LES POLITIQUES PUBLIQUES..................	200
UNE MÉTHODE POUR LE QUINQUENNAT	202
Chapitre 9. Incitatus ou César ?	207
QUI DÉCIDE ?...	208
CHOISIR QUELLES DÉCISIONS IL NE FAUT PAS AVOIR À PRENDRE...	210
RECENTRER LE POUVOIR	211
UN POUVOIR CIRCONSCRIT, PAS UN POUVOIR FAIBLE ...	215
NE COORDONNER QUE QUAND IL LE FAUT.................	218
DES RÈGLES DE CONDUITE, PAS DES CARCANS	223
REPRÉSENTER LE FUTUR...	225

Chapitre 10. L'erreur, c'est les autres 229
   L'erreur est une œuvre collective 231
   Accéder à toute l'information 236
   Moins d'invectives, plus de controverses............ 238
   Les institutions du débat..................................... 241
   Les infrastructures de la controverse................ 245
   Éviter les faux accords et les faux désaccords... 248

Conclusion 255

Composition et mise en pages
Nord Compo à Villeneuve-d'Ascq

Cet ouvrage a été imprimé en France par
CPI Bussière
à Saint-Amand-Montrond (Cher)
en octobre 2016

Pour l'éditeur, le principe est d'utiliser des papiers composés de fibres naturelles, renouvelables, recyclables et fabriquées à partir de bois issu de forêts qui adoptent un système d'aménagement durable.
En outre, l'éditeur attend de ses fournisseurs de papier qu'ils s'inscrivent dans une démarche de certification environnementale reconnue.

45-2137-1/01

Dépôt légal : octobre 2016
N° d'impression : 2025962